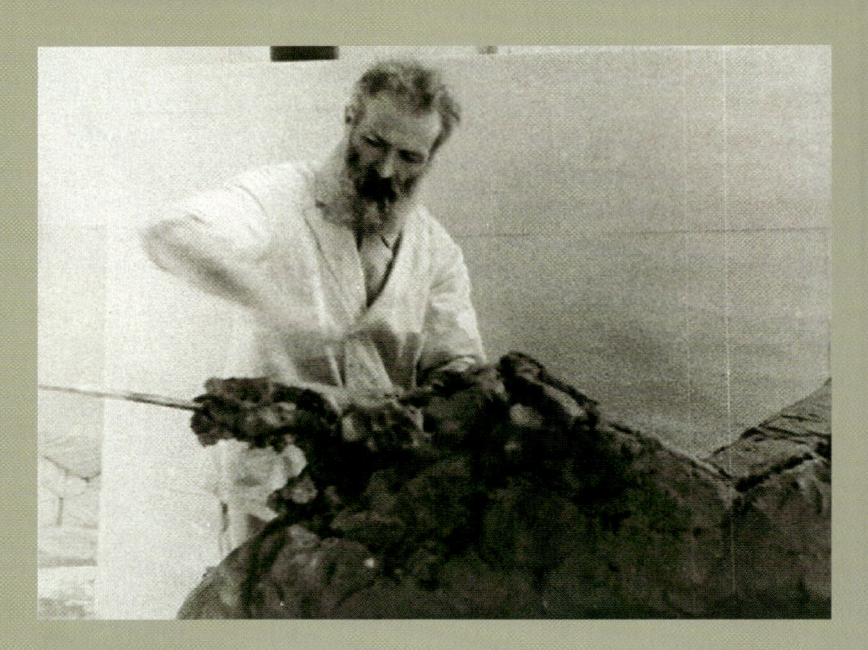

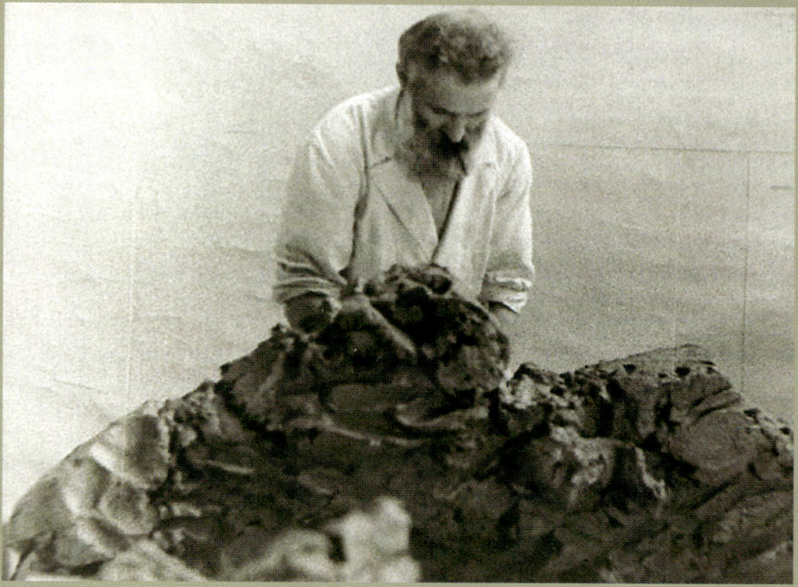

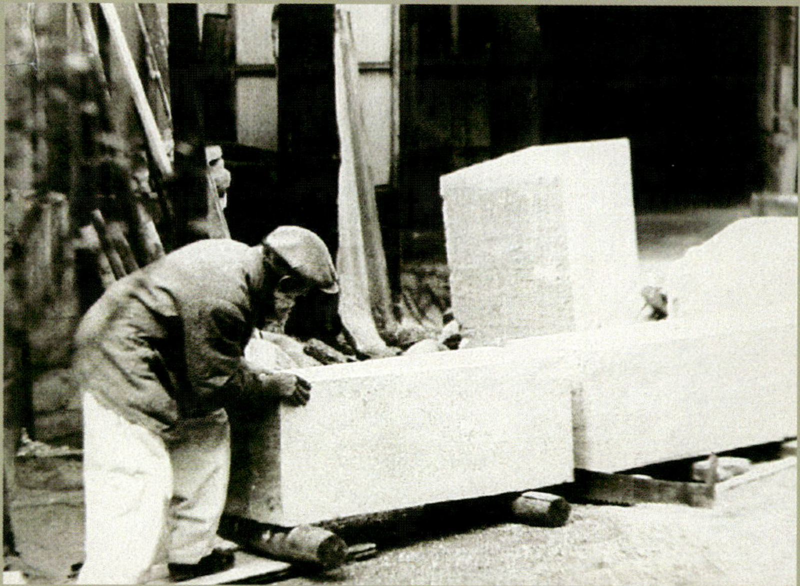

SOMMAIRE

Ouverture
Le corps à corps du sculpteur et de la matière.

10
Chapitre 1
L'ŒUVRE DES COMMENCEMENTS
Né le 2 mars 1876 en Roumanie, Constantin Brancusi fugue et vit d'expédients dès onze ans. Encouragé par l'épicier qui l'emploie et un client, Grecescu, il entre à l'école des Arts et Métiers de Craïova en 1894 puis dans la classe de sculpture de l'École des Beaux-Arts de Bucarest. Après un long périple, il arrive en 1904 à Paris où il est admis à l'École des Beaux-Arts et remarqué par le sculpteur Rodin. Il refuse de devenir son praticien et expérimente sa « première taille directe » : par cet acte fondateur de toute son œuvre, il cherche à atteindre un art plus synthétique et spirituel. Ses sculptures portent des titres généralistes et symboliques tels *La Sagesse de la terre*, *Le Baiser*.

30
Chapitre 2
UN ARTISTE ARCHAÏQUE ET MODERNE
Ses œuvres s'éloignent désormais du modèle. Brancusi cherche à produire une forme plutôt que de la reproduire : en témoignent la série de *La Muse endormie* à partir de 1910 et de *Mademoiselle Pogany* de 1912 à 1933. « Tu veux transformer l'antique en moderne », lui dit son ami le Douanier Rousseau : Brancusi croise les sources archaïques – celles de l'Antiquité et la tradition de l'artisan roumain ou africain – avec un véritable modernisme. L'aspect novateur de ses sculptures provoque plusieurs scandales, de la manifestation de l'Armory Show en 1913 à New York à l'affaire de la *Princesse X.* en 1920 au Salon des Indépendants.

58
Chapitre 3
SÉRIES ET VARIATIONS
Brancusi brouille les frontières entre l'œuvre et son support – les *Colonnes sans fin* sont engendrées par la répétition d'un élément issu d'un socle –, réduit la distinction entre objet d'art et mobilier – il est à ce titre un précurseur du design. Avant sa mort, le 16 mars 1957, le sculpteur lègue à l'État français son atelier devenu mise en scène, déployée par le journal visuel des nombreuses photographies prises par lui-même.

96
Témoignages et documents

BRANCUSI
L'INVENTEUR DE LA SCULPTURE MODERNE

Marielle Tabart

DÉCOUVERTES GALLIMARD
CENTRE POMPIDOU
ARTS

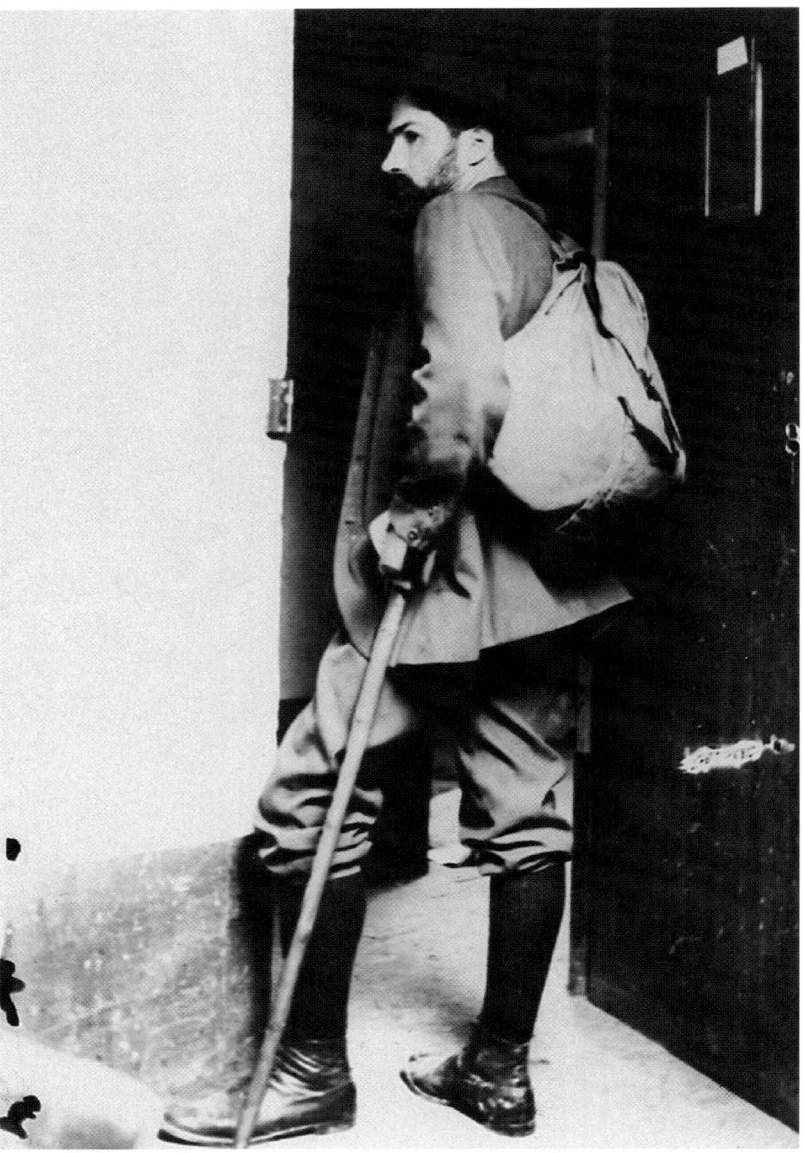

Constantin Brancusi naît le 19 février 1876 (selon le calendrier julien, soit le 2 mars selon le calendrier grégorien) au hameau de Hobitza, dans la commune de Pestisani. C'est un petit village au sud de la Roumanie, situé dans le département de Gorj, en Olténie, au pied des Carpates.

CHAPITRE 1
L'ŒUVRE DES COMMENCEMENTS

En route pour Paris, à pied, sac au dos et une flûte dans la poche ! Au bout d'un long voyage par petites étapes de Budapest à Langres, Brancusi arrive le 14 juillet 1904 dans la ville qui attire tant d'artistes au début du siècle. Ci-contre, *Danaïde*, taillée dans la pierre en 1907-1909, à la sortie des Beaux-Arts.

Brancusi est issu d'une famille de
paysans, qui, si elle est aisée, n'en
mène pas moins une vie modeste.
Son père, Nicolae, est propriétaire
terrien et administrateur d'un
domaine appartenant au monastère
de Tismana. Il a déjà trois garçons
d'un premier lit lorsque sa seconde
épouse, Maria Brâncusi, âgée de
vingt-quatre ans, met au monde
Constantin.

Une vie « belle et harmonieuse »...

L'existence rude, dont les
coutumes et le folklore
traditionnel remontent jusqu'à
la préhistoire, est rythmée par
les travaux agricoles, les fêtes
religieuses et les festivités, chants
et danses qui accompagnent la
saison des vendanges.

Entourée de terres et de vergers,
située dans un paysage boisé, la
maison paternelle présente un
exemple typique de l'architecture roumaine. Bâtie
presque entièrement en bois, y compris la toiture
en bardeaux qui descend jusqu'au balcon entourant
la construction, elle est soutenue par des piliers
taillés et sculptés à la main : sans doute resteront-ils
gravés dans la mémoire du futur sculpteur.

Évoquant le temps et les lieux de son enfance,
Brancusi écrira : « La vie alors était belle et
harmonieuse. Depuis des millénaires, les gens
vivaient heureux selon le mode patriarcal. [...] Tout
allait ainsi calmement d'âge en âge. Et savez-vous
pourquoi les choses ont changé ? La civilisation de
la grande ville est arrivée jusqu'à nous. » En réalité,
l'enfance de Brancusi est pénible... Ses demi-frères
le battent, et dès l'âge de onze ans il décide de
quitter famille et village pour parcourir le pays.
Il ne donnera aucun signe de vie aux siens pendant
six ans, menant une vie vagabonde faite d'expédients
et de petits métiers.

Les années d'apprentissage

En 1887, à Târgu-Jiu, Brancusi travaille quelques mois chez un teinturier qui lui apprend à préparer les couleurs végétales destinées à la confection des tapis. À Craïova, il est garçon de café puis aide-épicier chez Ion Zamfirescu.

C'est là qu'en 1894, mis au défi par un musicien de passage, il décide de fabriquer un violon avec les planchettes d'une caisse en bois : l'instrument émerveille l'un des clients, un certain Grecescu. Brancusi se souviendra de lui toute sa vie avec

Malgré la distance prise tôt avec sa famille, Brancusi restera très attaché à celle qui encourage sa première inclination pour l'art, en facilitant son entrée à l'école des Arts et Métiers de Craïova : sa mère (dernière à droite de la photographie montrant trois paysannes en costume du pays). L'enfance de Brancusi se déroule au cœur d'un environnement rural et traditionnel, dans un pays aux coutumes ancestrales, évoqué par ce paysage d'hiver, près d'une grand-route menant à Turnu-Séverin en Olténie (ci-dessus). C'est dans cette région que se situe le hameau de Hobitza qui abrite la maison natale de Brancusi. L'architecture tout en bois – avec ses palissades, sa toiture basse en bardeaux et surtout son portail aux piliers ouvragés (ci-contre) – caractérise l'habitat de la campagne roumaine.

gratitude : c'est lui qui, cette même année, le fait entrer à l'école des Arts et Métiers de Craïova, alors que le jeune homme a dépassé l'âge d'admission. Devenue veuve en 1885, la mère de Brancusi, en qualité de tutrice, donne son consentement à la demande de son fils d'« entrer comme boursier-interne à l'École des métiers de la ville de Craïova, à la section de Sculpture ». Maria déclare : « J'ai signé en apposant mon doigt, ne sachant pas écrire. » Grecescu et Zamfirescu lui offrent ses premiers outils.

Admis comme élève libre, Brancusi travaille avec acharnement, devient élève régulier en deuxième année, obtient une bourse et achève en quatre ans des études dont la durée normale est de cinq années. Pendant les vacances d'été de 1897, il gagne en bateau Vienne, où il travaille dans l'atelier de l'ébéniste Herr Roth qui exécute des travaux pour la firme de meubles Thonet : c'est son premier voyage à l'étranger, sa première ouverture sur l'Europe. De retour au pays, Brancusi présente des meubles à l'épreuve d'examen et obtient en septembre 1898 son certificat de fin d'études. Avec une étude au fusain d'après un plâtre du *Laocoon*, il est alors admis à l'École des Beaux-Arts de Bucarest dans la classe de sculpture du professeur Ion Georgescu. Ayant abandonné à ses frères sa part d'héritage faite de terres qu'il ne peut exploiter, Brancusi doit, seul, payer ses études. Il fait la plonge dans les brasseries et chante dans une chorale où, tout en ignorant le solfège, il s'initie aux chants grégorien et byzantin. Des amis lui viennent en aide, tel Poïana qui, le premier à quitter la Roumanie, saura le secourir à Paris, lorsque Brancusi le rejoindra.

En 1898, le jeune artiste obtient une mention pour un « buste antique » : *Vitellius*, aujourd'hui au musée de Craïova, révèle les dons d'un élève brillant, respectueux de l'enseignement du style académique professé à l'époque.

Boursier de Craïova en 1899, il exécute en 1900 un buste d'après le *Laocoon* qui lui vaut une médaille

Ses dons d'ébéniste font de Brancusi le meilleur élève de l'école des Arts et Métiers (cassette en noyer, à l'extrême gauche). Toutefois, il attache peu d'intérêt à des travaux scolaires exécutés dans un style conventionnel. À l'automne 1898, il entre enfin à l'École nationale des Beaux-Arts de Bucarest (ci-dessous, au centre, en chapeau melon, posant dans une attitude nonchalante parmi ses camarades d'école). Deux ans plus tard, le 30 juin 1900, il obtient sa première médaille de bronze pour un « buste d'après l'antique », la *Tête de Laocoon* en terre glaise (à gauche).

de bronze. Brancusi en gardera toujours une photographie dans son atelier, comme preuve de sa virtuosité, alors qu'il ne ménagera pas ses critiques à l'encontre d'une tradition jugée vite décadente : « Depuis Michel-Ange, les sculpteurs voulaient faire du grandiose. Ils ne réussirent qu'à faire du grandiloquent », dit-il. « Regardez bien les Grecs anciens. Quand ils représentent la contorsion et la souffrance dans leur sculpture, à ce moment commence leur décadence. Michel-Ange lui-même est tombé dans le panneau », dit-il encore.

Brancusi obtient une seconde médaille en bronze, en 1901, avec l'*Écorché*, d'après un plâtre antique. La qualité de cette œuvre, qui allie la finesse des études à l'harmonie du modèle antique, lui vaut d'être exposée en 1903 à l'Athénée roumain de Bucarest et d'être reproduite en plusieurs exemplaires.

Un *Écorché* d'après l'antique

Cependant Brancusi continue d'étudier d'après l'antique. Il modèle une version d'après le *Mars Borghèse* et réalise ses premières « Têtes d'expression » ou « Études de caractère », portraits exécutés dans la terre glaise d'après un modèle qui pose devant les élèves. En 1901 il suit les cours d'anatomie artistique qui lui permettent de réaliser en terre un magnifique *Écorché* d'après une statue antique, l'*Antinoüs*, qui se trouve à l'école parmi d'autres modèles de l'Antiquité. Cette œuvre est exposée pour la première fois au palais de l'Athénée roumain de Bucarest en 1903, alors que Brancusi vient d'obtenir son diplôme. Ses premières œuvres, copies d'après l'antique, sont loin d'être de simples exercices scolaires ; elles témoignent, au contraire, d'une interprétation personnelle des thèmes académiques et d'une grande maturité artistique. Loué par ses maîtres pour son assiduité et ses résultats brillants, il obtient l'autorisation d'utiliser encore les locaux de l'école, alors qu'il aspire à continuer des études, notamment dans une école italienne de beaux-arts, pour laquelle il sollicite une bourse qui lui sera refusée.

Brancusi exécute dans la terre deux *Étude de caractère*, en 1900 et 1901, d'après le même modèle dont il saisit à un an de distance la même expression de tristesse retenue (ci-dessus et sur la photo page de gauche).

Le diplôme de l'École des Beaux-Arts de Bucarest, décerné le 24 septembre 1902, certifie que Brancusi a achevé le cours complet de la section de sculpture. Les photographies de ce certificat et de ses premières œuvres, conservées par l'artiste, témoignent de l'importance qu'il a accordée à sa formation classique.

À pied vers Paris, besace à l'épaule et bâton à la main

Déçu dans son espoir, Brancusi entreprend cette fois un long voyage à travers l'Allemagne et la Suisse pour se rendre en France. Démuni de tout subside, il est obligé de faire plus d'une fois le chemin à pied, une besace sur l'épaule et un bâton à la main, ainsi qu'il s'est fait photographier lui-même. Il raconte cette aventure : « Je suis parti à pied pour Paris. Arrivé à Munich, je ne trouvai pas de travail. J'entrepris alors de connaître la Bavière. Je cheminais pendant la nuit. Le jour je dormais où je pouvais. [...] Mon voyage vers Paris a duré longtemps. [...] À Bâle, j'ai vendu ma montre et les vêtements qui ne m'étaient pas indispensables pour me procurer quelque nourriture. » Malade, il pense ne jamais arriver à Paris.

Enfin, plusieurs mois après son départ de Roumanie, en 1904, le sculpteur atteint son but. Cependant, il n'en a pas fini avec sa vie de misère, « une misère absurde et disproportionnée qui rappelle l'adolescence de Gorki », dira-t-il. Comme naguère à Craïova et Bucarest, Brancusi est obligé de recourir à de petits métiers : plongeur la nuit dans un restaurant, chantre et bedeau les jours de fêtes à l'église roumaine de Paris, rue Jean-de-Beauvais, grâce à quoi il peut continuer ses études. Il partage un modeste logement avec son ami Poïana, cité Condorcet, et s'attelle au travail. Il reçoit l'aide d'un protecteur, Victor N. Popp, qui gagne à une loterie, organisée en sa faveur par les étudiants roumains de Paris, l'un de ses premiers bustes montrant l'évolution des « Têtes d'expression » (*L'Orgueil*, 1905).

L'entrée aux Beaux-Arts

Ayant obtenu en 1905 une bourse du ministre roumain des Cultes et de l'Instruction publique, Brancusi peut s'inscrire à l'examen d'entrée à l'École des Beaux-Arts, grâce à la recommandation

Le sculpteur racontera dans une notice autobiographique son office de sacristain à l'église roumaine de Paris : « Après avoir agité l'encensoir, je tire le rideau. Quand le prêtre lit devant l'autel, j'allume les bougies devant les icônes. Ensuite je tire la corde des cloches et j'allume toutes les autres bougies. »

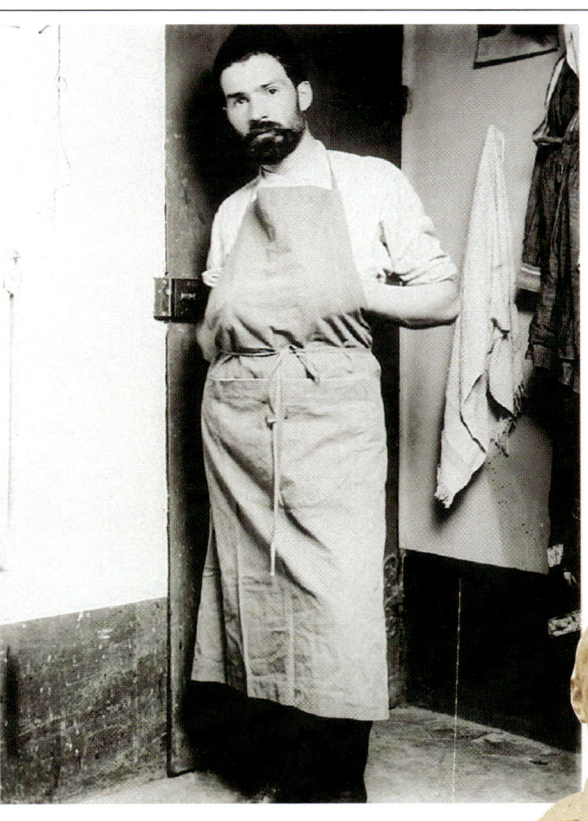

À son arrivée à Paris, son ami roumain Daniel Poïana accueille Brancusi et l'héberge. C'est encore lui qui lui procure un emploi dans un restaurant de la chaîne Chartier : ci-contre, Brancusi en tenue de plongeur. Ci-dessous, *Portrait de Daniel Poïana* (1906).

du ministre plénipotentiaire de Roumanie à Paris, où il est jugé « très satisfaisant à toutes les matières ». Il est dans la classe du sculpteur Antonin Mercié qui saura apprécier les talents de son élève. C'est dans l'atelier de Mercié qu'il rencontre un autre peintre et sculpteur, Amedeo Modigliani, avec qui il noue une solide amitié après 1906. Modigliani fera son portrait et surtout Brancusi et lui échangeront des idées sur la « taille directe » du matériau. Des témoignages de satisfaction sont réitérés un an plus tard par le directeur de l'école, le peintre Léon Bonnat, qui confirme les « progrès constants » et les « heureuses dispositions » du jeune sculpteur. Ses œuvres sont alors exécutées « d'après nature » ou même d'après des photographies, comme le vigoureux buste du docteur Zamfirescu, ancien professeur de la Faculté de médecine de Jassy, ou plus tard le buste de Petre Stanescu, sa première commande de stèle funéraire pour la ville roumaine de Buzau. Certaines de ces œuvres de jeunesse, bustes, bas-reliefs, statuettes de vitrine, rappellent la manière naturaliste et souvent médiocre de ses maîtres. C'est alors que Brancusi participe pour la première fois, au printemps 1906, à une manifestation parisienne qui est aussi la plus officielle, le Salon de la Société nationale des Beaux-Arts. Mais c'est à un salon moins académique, le Salon d'Automne de 1906, dont le jury est composé, entre autres, de sculpteurs au classicisme bien français, Bourdelle,

Dans l'atelier de Mercié aux Beaux-Arts, de 1905 à 1906, Brancusi (au premier rang, le second à partir de la droite) réalise une série de têtes d'enfants et des portraits (ci-dessous, *L'Orgueil*, 1905).

Maillol et Rosso, que le grand Rodin, président du jury, remarque l'envoi de Brancusi et « fait grand cas de [son] talent ». L'une des trois sculptures exposées, *L'Orgueil*, montre en effet une parenté avec l'art expressif du « maître », auquel Brancusi voue d'abord une sincère admiration : « Au XIXe siècle, la situation de la sculpture était désespérée. Rodin arrive et transforme tout. Grâce à lui, l'homme redevient la mesure, le module d'après lequel s'organise la statue. […] L'influence de Rodin fut et reste immense. »

« Il ne pousse rien sous les grands arbres »

Au début de 1907, Brancusi a plus de trente ans, l'âge limite toléré à l'École des Beaux-Arts, à un moment où lui-même sent que l'académie ne peut plus rien lui apporter. Il avoue maintenant travailler à contrecœur sous la direction de Mercié. Il détruit le soir ce qu'il fait le matin et trouve sa sculpture « inerte », comparée au modèle vivant : « Mon travail avançait avec beaucoup de peine. J'ai demandé alors à mon professeur ce que je devais faire. Après avoir obtenu quelques conseils, je me suis remis à l'œuvre. Je travaillais longtemps, sans toutefois arriver à finir mon

Après la cité Condorcet, en 1905, Brancusi habite une mansarde, au 10 place de la Bourse, puis un grenier, 16 place Dauphine, à côté de son amie Otilia Cosmutza ; en 1907, il s'installe enfin dans le quartier nouvellement investi par les artistes, 54 rue du Montparnasse, où il occupe un atelier jusqu'en 1916. C'est à cette adresse qu'Amedeo Modigliani lui envoie cette carte postale, qui témoigne de leur amitié dans les années 1907-1911. Ci-dessous, une vue de la rue du Montparnasse, depuis le métro Edgar-Quinet, au début du siècle.

ouvrage ; [...] au fur et à mesure que mes questions étaient de plus en plus fréquentes, ses réponses devenaient de plus en plus laconiques. Mon travail traînait en longueur, tandis que je regardais le corps vivant de l'homme et ma sculpture inerte. Le cadavre du modèle. » Plus tard il écrira : « À quoi bon la pratique du modèle ? Elle n'aboutit qu'à sculpter des cadavres. » Cependant des amis roumains influents le poussent dans l'atelier de Rodin dont il se sent tout aussi incapable de suivre l'esthétique mouvementée : « Des amis et des protecteurs [...] essayèrent, sans me consulter, de me faire admettre dans son atelier. Rodin accepta de me prendre comme élève. Mais moi, je refusai, car il ne pousse rien sous les grands arbres. »

Les portraits et les bustes exécutés alors (*Le Supplice*, 1906-1907) portent, dans la terre ou le plâtre et leurs tirages en bronze, la marque d'une expression tourmentée. Brancusi partage avec Rodin la même aversion pour la convention de l'académie et le goût des sujets poignants. Mais, au brio robuste de Rodin, il oppose alors un art plus nuancé et raffiné, rappelant la sérénité voilée de Medardo Rosso, avec ses visages « noyés », avec qui il expose au Salon d'Automne de 1906.

La première version du *Supplice* (ci-dessus, plâtre de 1906) est exposée au Salon de la Société nationale des Beaux-Arts en avril 1907. Achevée à la sortie des Beaux-Arts, cette œuvre est appréciée par Rodin, sans doute pour l'expression de douleur rendue par la torsion du buste et le mouvement étiré de la tête. Dans la deuxième version (à gauche, *Le Supplice II*, bronze de 1907), le sculpteur a supprimé la partie inférieure du buste avec son curieux avant-bras en forme de brique, concentrant ainsi l'intérêt sur la partie supérieure.

La fragmentation

En 1907, la commande du monument funéraire de Petre Stanescu comprend, au pied du buste du défunt, posé sur un socle de deux mètres, une grande figure agenouillée : *La Prière*. Antonin Mercié la juge « inachevée » : il manque un bras à la jeune femme, pourtant exécutée d'après un modèle bien réel. Brancusi en restreint les valeurs expressives, donnant à la forme comme à la surface une retenue pleine de recueillement. Ce serait pour lui la « première sculpture » qu'il ait jamais faite. Il sent que le réalisme n'est pas nécessaire à l'expression de l'essentiel, qu'il oppose à l'apparence du « bifteck ».

L'art du fragment inventé par Rodin dans ses « morceaux » du corps humain, comme une reprise emphatique de la statuaire antique mutilée par le temps, est à la fois ce qui autorise Brancusi à se délivrer de son influence et le pousse à le défier sur son propre terrain. L'inachèvement de la figure, incomplète ou tronquée, l'éloigne du naturalisme sentimental de l'époque et le conduit à donner à une technique, la fragmentation, un rôle prépondérant et symbolique.

La Prière (bronze, 1907) a quitté le cimetière de Buzau (Roumanie) où elle formait un ensemble avec le buste du défunt Petre Stanescu, dont Brancusi avait réglé la disposition (hauteur des socles, distance entre les deux œuvres, etc.). Elle est désormais conservée au Muzeul National de Arta al Romaniei de Bucarest.

Rodin pose dans son atelier de Meudon, en 1902 (ci-contre) : haute stature du maître au milieu de ses plâtres, débris et fragments, morceaux de corps différents... On aperçoit à droite la masse informe du *Balzac*.

L'ŒUVRE DES COMMENCEMENTS 25

La Prière a été exécutée d'après un vrai modèle qui pose pour Brancusi dans son atelier (à gauche).

Le peintre Cécilia Cutzesco-Storck se souvient des « réflexions intéressantes et inattendues de Brancusi devant certaines statuettes du Bouddha » au musée Guimet (ci-contre, la salle chinoise). Lors de la rétrospective consacrée en 1906 à Gauguin au Salon d'Automne, le sculpteur, qui y exposait trois sculptures, a peut-être regardé cette *Idole à la perle*, une des sculptures sur tronc d'arbre réalisée par le peintre à Tahiti.

Si pour Rodin toutes les parties du corps sont expressives, Brancusi prend le message au pied de la lettre et « coupe » aussi bien la chair que l'expression. En 1909, des visites réitérées au musée Guimet lui révèlent la statuaire bouddhique ; au musée du Louvre, il est frappé par la « monumentalité » et la « puissance d'abstraction » de la sculpture égyptienne. Ces visites, comme celle de la cathédrale de Chartres, lui montrent les exemples d'un art plus synthétique et spirituel. Il expérimente alors sa « première taille directe ». Cet acte de rupture décisive est fondateur de toute son œuvre ; il lui permet, à travers la séparation d'avec ses prédécesseurs immédiats, de renouer avec une autre Antiquité, non pas celle des Grecs et des Romains revus par la Renaissance jusqu'à Rodin, mais celle des sculpteurs dits « primitifs », dont il s'approche comme d'autres fameux découvreurs – Gauguin, Matisse et Derain. Avec Apollinaire et Picasso, ce sont les premiers amateurs d'un art inconnu et exotique, venu d'Afrique ou d'Océanie, qui bouleverse l'art occidental en ce début de siècle. Comme eux, Brancusi a pu voir de curieuses statuettes en bois sommairement taillé lors de la grande rétrospective consacrée à Gauguin au Salon d'Automne de 1906, auquel lui-même a

participé. L'amitié avec le peintre naïf Henri Rousseau, entre 1907 et 1910, la rencontre avec Henri Matisse en 1908, conjuguées avec les invitations de Guillaume Apollinaire avant-guerre, ont leur importance. En revanche, Picasso et Brancusi ne se fréquentent guère, malgré leur rencontre dès 1908 au banquet organisé par le peintre en l'honneur du Douanier Rousseau.

Brancusi voue au Douanier Rousseau (à gauche) une sincère admiration. Après sa mort, le sculpteur taille sa pierre tombale et y grave un poème d'Apollinaire. A-t-il reconnu chez lui une certaine simplicité qu'il recherche lui-même dans la taille directe (ci-dessus, « Première pierre directe », 1907)?

La taille directe

La Sagesse de la terre, que Brancusi taille en 1907-1908 dans la pierre, ressemble à un fragment de la terre dont il dégage une forme frontale et statique, accroupie dans une attitude d'idole millénaire, gauloise ou orientale. Son visage inexpressif, aux yeux, nez et bouche gravés d'un seul trait, évoque les figures étrangement simplifiées, absorbées dans leur jeu immobile, des grandes compositions de Matisse réalisées plus tard (*La Musique*, 1909-1910).

Le fait de tailler « directement » une figure, comme logée, ramassée au fond d'une pierre, devient bientôt l'objet et le sujet de la sculpture, au titre déjà généraliste et symbolique. La mention « Première pierre directe », portée par l'artiste lui-même au dos d'une photographie ou publiée plus tard sous la reproduction d'une *Tête de femme* (1907), aujourd'hui disparue, indique assez l'importance de l'événement, tandis que s'évanouit celle de la chose représentée. La « taille directe » produit une forme plutôt qu'elle ne la reproduit : la fidélité au matériau et donc au processus se substitue à celle du modèle, le sculpteur ayant toujours en tête de préserver la pierre d'origine. Autrefois destiné au tirage du bronze, par

l'intermédiaire du plâtre, le modelage est donc abandonné par Brancusi pour le façonnage du bloc original. Mais, fait paradoxal, la plupart des originaux en pierre ou en marbre que Brancusi va tailler dorénavant seront coulés en bronze, comme si la reproduction du tirage devait cette fois redoubler et révéler – avec souvent de légères différences – la forme primordiale extraite des profondeurs du matériau. Le motif du *Baiser* constitue à cet égard une exception : jamais reproduit en bronze, il est aussi le premier motif à être développé dans une série. Taillé dans la pierre, *Le Baiser* est un emblème du fragment (le bloc) et le manifeste de modernité du sculpteur (la taille directe).

Le premier *Baiser* (1907-1908) a une forme cubique où les personnages tronqués à mi-corps sont liés en un seul bloc – œil à œil, bouche à bouche – par la force parallèle des bras stylisés, comme si c'était la masse de la pierre intérieure et extérieure qui unissait les figures. Les détails inutiles – nez, cou, etc. – disparaissent de la surface de la pierre, encore charnelle par la rondeur du traitement. Les versions qui suivent alterneront la forme du cube avec celle du pilier-

La Sagesse de la terre, dont Brancusi taille et lisse le corps replié dans une pierre calcaire, appartient au même univers de formes et de sentiments que les figures très simplifiées peintes par Matisse à une époque un peu ultérieure (en bas, *La Musique*).

colonne tout en allant vers une simplicité et une géométrie de plus en plus affirmées.

Le Baiser du cimetière du Montparnasse, installé fin 1910 sur la tombe d'une jeune fille russe au destin romantique (elle se suicida par amour), appartient à la forme du couple-colonne où les figures sont liées sur toute la hauteur de leurs jambes, repliées et accolées. Avant d'être fixé définitivement dans la stèle composite qui termine la série (*La Borne-frontière*, 1945), le couple, réduit au cercle des yeux réunis, disparaît dans la verticale des *Colonne du baiser* (1916-1917 et 1930), dont le double pilier rythmera l'espace de l'atelier.

Peu après *La Sagesse de la terre* et le premier *Baiser*, Brancusi taille dans le marbre deux œuvres qui initient une série (les *Muse endormie*, les *Torse*) et affirment l'œuvre comme symbole du fragment, fragment de la terre et morceau du monde. Précédant la première *Muse endormie*, *Le Sommeil* (1908) laisse le visage enfoui dans le marbre à peine dégrossi où, dans un aller-retour, la figure comme la pierre émergent, entre chaos et vie. Un premier *Torse*

Sculpté dans un style en apparence archaïque, qui respecte la forme du bloc de pierre, le premier *Baiser* (ci-dessus, à gauche) est aux antipodes du *Baiser* exalté de Rodin. Il est exposé à Bucarest en 1910 avec la mention « Fragment d'un chapiteau ». En 1909, Brancusi réalise une version en pied, plus synthétique et géométrisée, qui s'éloigne de la manière arrondie de la première version. Elle sera dédiée à Tanioucha Rachevskaïa (ci-dessus, sa mère), jeune femme russe, qui se donne la mort en décembre 1910, à la suite d'un amour malheureux pour un jeune Roumain, ami de Brancusi.

L'ŒUVRE DES COMMENCEMENTS

Le Sommeil (ci-contre) est sans doute la première taille directe en marbre de Brancusi, et signe l'apparition du thème de *La Muse endormie*. Il est la réplique d'un plâtre antérieur daté de 1906, intitulé *Le Repos*, remarqué par Rodin. Cette œuvre dont l'inachevé s'expose au regard, à travers le travail progressif du ciseau, avait tout pour plaire au maître de Meudon. La mise en valeur dramatique du matériau s'effacera ensuite au profit d'un art plus serein et simplifié. Dans le premier *Torse* féminin (en bas, à droite), le sculpteur retient cette fois de Rodin l'interprétation « à l'antique » du sujet, le fragment isolé d'une œuvre mutilée et « disparue » : le morceau de marbre figure une partie du corps, la hanche arrachée à son modèle, en l'occurrence celui de *La Prière*. Brancusi en répétera la plénitude formelle.

féminin (1909-1910), issu de la hanche de *La Prière* et taillé d'après le même modèle, exalte la blancheur du marbre doucement travaillé en ronde bosse sur un seul côté : choisie pour sa forme fragmentaire, cette petite pièce dont Brancusi préserve la face fracturée sera justement intitulée *Fragment d'un torse*. Dès lors la méthode de la taille directe, que Brancusi n'abandonnera plus, assure à la sculpture une fonction de métaphore : le marbre et la pierre déclineront sur un thème les « sujets », opérant leurs métamorphoses entre le minéral et l'organique.

Grâce à son amie Otilia Cosmutza, Brancusi rencontre en 1907 la baronne Renée Frachon. Celle-ci accepte de poser pour lui : les séances dureront de 1908 à 1910. Puis c'est au tour de Margit Pogany, une jeune artiste hongroise qu'il a remarquée en 1910 dans une pension parisienne. Les études que le sculpteur exécute d'après ces deux femmes font bientôt place à différentes versions qui s'éloignent du modèle et détruisent la notion traditionnelle du portrait.

CHAPITRE 2

UN ARTISTE ARCHAÏQUE ET MODERNE

Dans l'atelier de Brancusi, une version du *Baiser* (1925) côtoie de curieux portraits où l'humour rivalise avec le symbole : *Le Chef* (1924-1925), à la tête couronnée de métal, et *La Sorcière* (1916-1924). À droite, *La Muse endormie* (1910).

L'abandon du modèle

À l'instar d'Henri Matisse et de Fernand Léger, qu'il rencontre en 1908, Brancusi est à la recherche de formes de plus en plus simples et dépouillées. Au lieu d'être bien installés sur leurs épaules, les portraits deviennent des têtes séparées de leur corps ; les traits du visage s'effacent peu à peu ou s'amplifient ; le volume est traité d'une manière unifiée et semi-géométrique. Malgré la disparition des détails identifiables, jusqu'à la perte d'identité du modèle, Brancusi préserve l'intégrité de l'image, à l'inverse des cubistes qui décomposent et recomposent le réel.

Réalisée en 1909-1910, la première version de *La Muse endormie*, portrait de la baronne Renée Frachon, est préparée par des études en terre d'un modelé plein de vivacité, détruites par la suite, puis par une tête en pierre à la ressemblance plus lointaine. *La Muse endormie* transpose la qualité charnelle du visage dans la transparence du marbre. Entre l'original et les tirages en bronze, en travaillant le plâtre intermédiaire utilisé par le fondeur, Brancusi fait varier de manière imperceptible les dimensions, la symétrie ou le traitement de la surface, par exemple celui de la chevelure. Ces différences infimes annoncent les variations des versions suivantes, où la suppression des traits aboutira à la forme de l'œuf, à l'ovale parfait du *Commencement du monde*, en 1924.

Dans *La Muse endormie*, Brancusi substitue au buste une tête couchée, privée de toute attache au corps, et déposée comme un masque. Man Ray, qui rencontrera le sculpteur en 1921, se souviendra sans doute de ce « déplacement » dans l'une de ses célèbres photographies, *Blanche et Noire* (1926), où le modèle, en chair et endormi, pose son visage contre son double, un masque africain en ébène noir, debout.

En 1909, Brancusi taille dans la pierre un premier portrait un peu sophistiqué de la baronne Frachon (en bas). L'ovale stylisé du visage s'orne d'une coque de cheveux au milieu du front. Le nez et la bouche géométrisés accusent une légère asymétrie.

UN ARTISTE ARCHAÏQUE ET MODERNE 33

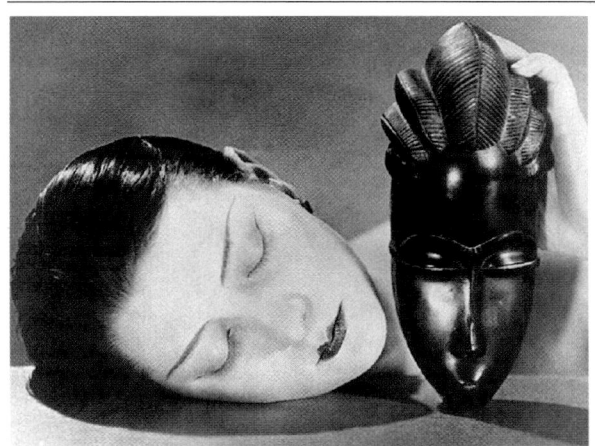

La première *Muse endormie* (marbre) rappelle encore la physionomie du modèle. Sous une surface unie affleurent les yeux clos, la bouche entrouverte; seul relief marqué, la fine arête du nez surgit de l'ovale et en délimite les versants qui glissent le long des sourcils étirés sous la chevelure (ci-dessous). Ci-contre, comme un hommage de Man Ray, deux têtes ovales, sans corps, se renvoient l'une l'autre dans une singulière parenté.

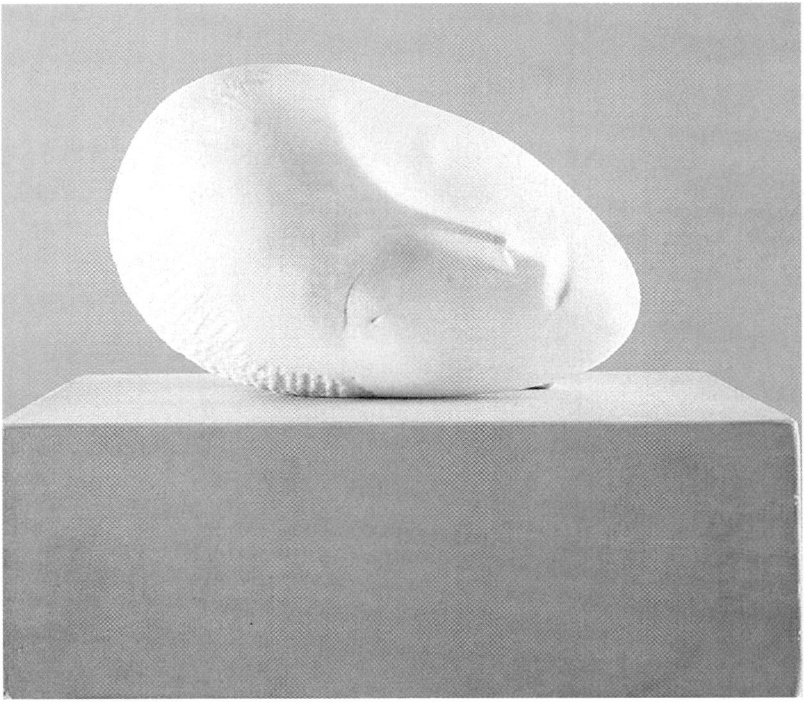

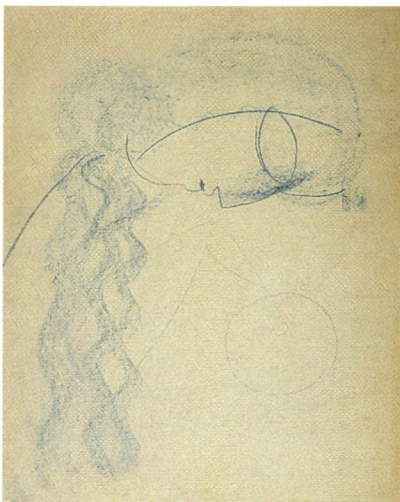

Aller à l'essentiel

En 1910, Margit Pogany inspire à Brancusi un portrait de mémoire : le marbre sphérique de la première *Danaïde* (1910, retravaillé plus tard), tête penchée sur un petit cou, « tout en yeux ». Après avoir redressé la *Muse*, dans un portrait cette fois privé de regard et à la présence insaisissable, le sculpteur traduit en 1912 la finesse de son nouveau modèle dans un marbre blanc, *Mademoiselle Pogany I*. La courbe des bras et du cou s'enlace à celle du haut visage aux yeux bombés. De cette forme enveloppée et toute en torsion, Brancusi saisira par la photographie l'image constamment changeante, selon le mouvement du

Au cours d'une visite de Margit Pogany dans l'atelier de Brancusi, celle-ci remarqua un marbre blanc : « Je sentis que c'était moi, bien qu'il n'eût aucun de mes traits. Il était tout en yeux. » Dans la version finale, les grands yeux disparaissent. La double arcature des sourcils et du nez résume les détails du visage (à gauche, *Danaïde*, bronze, 1913). Les études au crayon frotté sur le papier évoquent la même simplification du modèle : l'ovale du visage aux traits accentués, les bras en écharpe (en haut à gauche), la concision de la ligne et la chevelure ondulante (ci-dessus).

UN ARTISTE ARCHAÏQUE ET MODERNE 35

Cette vue d'atelier photographié par l'artiste en 1920 confronte deux versions de la seconde *Mademoiselle Pogany* (1919 et 1920). Au marbre veiné répond et s'oppose le bronze poli. De la première version en marbre de 1912 (page 37, en bas à gauche) à celle de 1919 (page 36, au milieu) puis à la troisième version de 1931 et 1933 (page 36, à gauche, et page 37, à droite), la forme évolue vers une géométrie de plus en plus poussée, proche de l'abstraction. Les trois versions de *Mademoiselle Pogany* varient selon le matériau, marbre ou bronze poli. Elles diffèrent selon l'angle de vision du spectateur qui, à chaque déplacement autour de la sculpture, en perçoit une nouvelle image. Enfin, toutes fixées sur un premier socle cubique en pierre, elles peuvent être juchées sur un ensemble variable de socles superposés qui finissent par leur être attribués : ainsi, la version en bronze de *Mademoiselle Pogany III* de 1933 (page 36, à droite), provenant de l'atelier Brancusi, repose sur un support de bois sculpté en spirale sur toutes ses faces, comme pour mieux accompagner le mouvement de la sculpture.

spectateur (qui peut être remplacé par l'insertion d'un roulement à billes dans le socle).

Le sculpteur Jean Arp, qui se rendra dans l'atelier de Brancusi en mai 1929, célébrera l'apparition de *Mademoiselle Pogany*, « féerique grand-mère de la sculpture abstraite ». Ses « voûtes », ses « courbes », ses « emboîtages nacrés » deviennent cylindriques dans la version de 1919 (*Mademoiselle Pogany II*), puis se font durs et mécaniques dans les variantes en bronze. Le traitement géométrique des formes, dont le tirage en bronze accentue toujours l'effet, peut rattacher l'œuvre de Brancusi à une tendance plus décorative, caractéristique des années trente, ainsi qu'en témoigne *Mademoiselle Pogany III* (1931-1933).

UN ARTISTE ARCHAÏQUE ET MODERNE 37

«Qui est cette belle ?
C'est Mademoiselle
Pogany, une parente
de Lady Shub-ad,
la belle Sumérienne,
et de Nefertiti.
Mademoiselle Pogany
est la féerique grand-
mère de la sculpture
abstraite. Elle est
constituée de voûtes,
de courbes,
d'emboîtages nacrés,
de coquillages purs…»
                    Jean Arp

L'évolution des *Nouveau-né I* et *II* (1915 et 1916?) montre le même désir d'aller à l'essentiel. Brancusi en développe la forme originelle à partir d'un acte de séparation réelle : une *Tête d'enfant* issue d'une sculpture en bois de 1913 (*Le Premier Pas*) détruite en 1914. Cette forme révèle une vision que Brancusi partage avec les cubistes : traduire les traits en creux ou en volume par un simple résumé de courbes et de plans dans l'espace. C'est ainsi que Picasso a pu interpréter les masques nègres, dont les traits simplifiés ont inspiré au peintre les étranges portraits des *Demoiselles d'Avignon* (1907).

Le Salon de la Locomotion aérienne

Brancusi a fait la connaissance de Duchamp après celle de Léger, vers 1912 : c'est en leur compagnie, rapporte-t-on, qu'il fait cette visite au Salon de la Locomotion aérienne de 1912, devenue célèbre par les commentaires qui s'ensuivront sur la participation de l'artiste à l'« esprit moderne » de son époque, qui accompagne les grandes découvertes scientifiques et technologiques du début du XXe siècle.

Fernand Léger raconte : « Avant la guerre de 14, je suis allé voir le Salon de l'Aviation avec Marcel Duchamp et Brancusi. Marcel, qui était un type sec, avec quelque chose d'insaisissable en lui, se promenait au milieu des moteurs, des hélices sans dire un mot. Puis tout à coup, il s'adresse à Brancusi : ''C'est fini la peinture. Qui ferait mieux que cette hélice ? Dis, tu peux faire ça ?'' »

Sur le même socle (à l'extrême gauche), Brancusi assemble la version aboutie du *Nouveau-né* (marbre, 1916) et la petite *Tête d'enfant endormi*, en plâtre coloré (1906), qui en est la première idée. Un socle de bois très élaboré supporte *Le Premier Cri* (au milieu), reproduit en ciment par Brancusi en 1917 à partir de l'original en bois, une *Tête d'enfant*. La matière du ciment, qui transpose la qualité du bois d'origine, contraste avec celle du socle, conférant à l'ensemble un aspect à la fois raffiné et primitif. Le sculpteur a transformé la « statue » initiale en une superposition à la fois organique et abstraite. La forme ovoïde du visage devient un « objet » à la résonance encore humaine : pour la première fois dans l'histoire de la sculpture moderne, l'œuvre l'emporte sur la représentation.

En visite au Salon de la Locomotion aérienne (ci-contre, au Grand Palais), Brancusi, s'arrêtant devant une hélice d'avion qui suscitait son admiration, se serait exclamé : « En voilà une sculpture ! La sculpture dorénavant ne doit pas être inférieure à cela. »

Le scandale de l'Armory Show

En 1912, Brancusi est sollicité par le peintre américain Walter Pach pour exposer aux États-Unis. Pach est venu à Paris rechercher des œuvres pour la première grande manifestation internationale d'art moderne, l'Armory Show. Elle se tient tout d'abord à New York, sur la 25e Rue, du 17 février au 15 mars 1913, dans une gigantesque salle d'armes, et est destinée à faire découvrir l'« art nouveau » au public américain. À l'ouverture, John Quinn, avocat et collectionneur, déclare : « Cette exposition fera date [...] dans l'histoire de l'art moderne. »

Brancusi envoie cinq sculptures, dont le plâtre de *Mademoiselle Pogany I*. En compagnie de peintures de Marcel Duchamp et de Francis Picabia, elles provoquent un véritable scandale pour leur modernisme. À Chicago, où l'exposition est présentée, des étudiants vont jusqu'à brûler des effigies de Matisse, de Brancusi et de Walter Pach.

John Quinn deviendra dès lors un ardent défenseur du sculpteur. En mars 1914, quand le photographe Alfred Stieglitz organise la première exposition personnelle consacrée à Brancusi, à la Gallery of the Photo-Secession, 291 5e Avenue, Quinn est l'un de ses premiers acheteurs. Il acquerra plus de vingt-cinq sculptures entre 1914 et 1924.

À l'Armory Show (ci-dessus), *Mademoiselle Pogany I* excite la curiosité et déchaîne les quolibets. Mais à l'étonnement succèdent l'intérêt et l'admiration. Walter Pach écrit à Brancusi qu'« un amateur très éclairé veut en posséder un marbre ». L'amateur est John Quinn (ci-dessous).

UN ARTISTE ARCHAÏQUE ET MODERNE 41

Autres clous de l'Armory Show, le *Nu descendant l'escalier* (1912) de Marcel Duchamp (en bas, à gauche) et les compositions abstraites de Francis Picabia, comme *Udnie* (ci-contre), peinte en 1913 à son retour de New York, qu'Apollinaire traitera d'« œuvre ardente et folle ». De véritables émeutes ont lieu devant la toile de Duchamp que la critique qualifie d'« explosion dans une fabrique de tuiles ». Et l'espace chaotique et indescriptible des œuvres de Picabia fait de lui le phare de la peinture d'avant-garde à New York.

Les sculptures en bois

C'est à cette époque que Brancusi réalise ses premières sculptures en bois – *Le Premier Pas* (1913), *L'Enfant prodigue* (1914-1915?), *La Petite Fille française* ou *Le Premier Pas III* (1914-1918?) – volontiers associées à la sculpture africaine. Ce n'est pas le moindre paradoxe de cette œuvre de paraître à la fois si moderne et si ancienne; elle relie les pratiques du paysan néolithique, polisseur de pierre, à celles de l'artiste-artisan, qui sculpte le bois depuis toujours, qu'il soit roumain ou africain.

Brancusi a-t-il vu des figures primitives en rendant visite à Guillaume Apollinaire ou à Matisse? En a-t-il contemplé au musée d'Ethnographie du palais de Chaillot? On ne peut l'assurer. Mais un goût général pour l'exotisme est alors dans l'air du temps.

L'art néolithique, celui des Cyclades et l'art africain, aux effigies singulières et schématiques, permettent aux héritiers de Cézanne et de Gauguin de renouer avec les forces cachées de l'instinct et de l'esprit, et de lutter contre les modèles usés du classicisme. Brancusi déteste l'art hellénistique, que l'Occident a reçu en héritage à la Renaissance. Ce qu'il recherche chez les « anciens Grecs », c'est l'« esprit ». Ce qu'il respecte chez les sculpteurs africains, c'est leur manière de préserver « la vie de la matière dans leur sculpture », écrit-il. « Ils travaillaient avec le bois. Ils ne le blessaient pas ». La vie de la matière,

« Ce n'est pas de la naïveté que l'on voit dans l'art primitif mais de la force et de la volonté. C'est la grande volonté qui sort de soi-même sans être convertie ni entravée par rien », écrira Brancusi. Ci-dessous, la *Cariatide-Chat* (1916-1923?), socle choisi par le sculpteur pour la *Timidité* (1917). À droite, *La Chimère* (1915-1918) et *L'Enfant prodigue* (1914-1915?).

c'est aussi l'âme que les Africains animistes voient dans la terre, à laquelle Brancusi va donner une expression nouvelle, résolument moderne.

Son ami le Douanier Rousseau lui aurait dit un jour après avoir contemplé ses sculptures en silence : « Je vois ce que tu veux faire, tu veux transformer l'antique en moderne. » Être moderne en ce début de siècle, c'est curieusement, au nom du progrès même qu'elle implique, s'élever contre la révolution industrielle, qui opprimerait les forces instinctives de l'homme, et mettre l'« esprit » au-dessus de la raison.

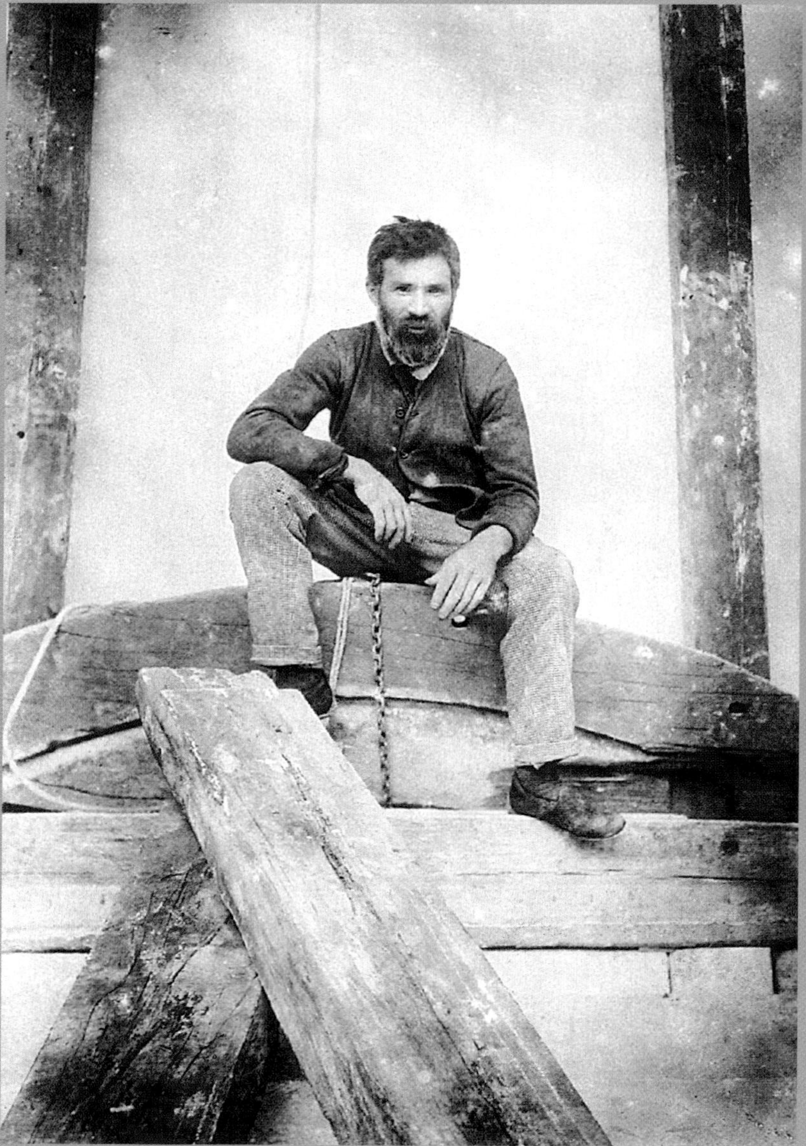

UN ARTISTE ARCHAÏQUE ET MODERNE 45

La tradition roumaine

L'intérêt pour un art dit exotique trouve chez Brancusi une résonance particulière, lui qui fut élevé dans une tradition paysanne. En Roumanie, la taille du bois est utilisée pour la décoration des maisons et l'architecture des porches. Les piliers funéraires de Transylvanie sont sculptés dans le bois et parfois surmontés d'un oiseau, symbole de l'âme du défunt. Le matériau comme sa technique peuvent posséder une double fonction, utilitaire et symbolique ; en témoigne le musée du Village créé à Bucarest au début du siècle dans un but de conservation et de recherche ethnographique.

Brancusi se souvient de son arrière-grand-père qui bâtissait des églises dont l'ornementation était taillée dans le bois, à la main. Même si le sculpteur apprécie ces artistes populaires, il ne veut pas être pris pour l'un de leurs successeurs. Contre l'artisanat qui répète et reproduit des formes, il retient l'attitude spirituelle de l'artisan qui respecte l'esprit du matériau, sa qualité et son exigence.

Humour et goût de l'assemblage

Entre 1913 et 1921, Brancusi tire du bois d'étranges figures, tels les *Premier Pas* (entre 1913 et 1918) ou *Portrait de Madame L. R.* (1914 ?-1917). Ce sont des assemblages articulés ou des superpositions de formes pleines et élémentaires, figuratives et emblématiques du corps humain. Ces sculptures n'ont pas toujours été conservées par Brancusi. Étaient-elles chargées d'un certain pouvoir bénéfique ou maléfique, étaient-

Ces piliers décorés (ci-dessous), typiques de l'architecture roumaine traditionnelle, sont des colonnes funéraires plantées comme des arbres sur la tombe des défunts. Ils peuvent supporter un oiseau, tous se terminant par une sorte de chapiteau aplati. En Olténie, pays de Brancusi, un élément symbolique et décoratif, sculpté dans le chêne et appelé « coq », se trouve parfois au faîte des anciennes maisons (à gauche). Pilier travesti ou détourné, la *Cariatide* (vers 1940) intègre une silhouette africaine au profil cambré. Elle porte son fardeau sur la tête – un cube de bois – en guise de chapiteau (à droite).

elles les témoins d'une influence dépassée ? L'écrivain Ezra Pound, qui rend visite à Brancusi en 1921 avant de lui consacrer un article important dans *Little Review*, oppose l'esprit de synthèse de l'art africain à son « fétichisme, magie noire, chichi ».

Brancusi écrit à John Quinn, qu'il a rencontré en 1916 grâce à Walter Pach : « Voilà que vous n'aimez pas les bois et vous avez autant raison que tort […]. C'est que je ne peux pas dire avec un marbre ce que je peux dire avec un bois et avec un bois ce que je peux dire avec un marbre et ainsi de suite. » Certaines de ces œuvres ont été disloquées et remaniées par Brancusi ; seules quelques-unes sont parvenues jusqu'à nous. Ce sont des figurines « en pied », dont le bois d'origine a fourni la dimension à l'échelle humaine. Ce sont les *Cariatide*, qui vont du socle-meuble, à ne pas séparer de l'œuvre qu'il supporte, telle la *Cariatide-Chat* (1916-1923 ?) pour la *Timidité* (1917), à l'élément d'architecture transformé en figure humaine, comme la *Cariatide* de 1926 et celle datée vers 1940. Ce sont surtout les *Colonne sans fin* : l'une sera taillée en 1926 à même un peuplier, dans le jardin de son ami le photographe Edward Steichen, à Voulangis.

La tête du *Premier Pas* (1913), ou *Tête d'enfant* (1914-1915), à l'origine de la série du *Nouveau-né*, appartenait à une sculpture disparue (un enfant faisant ses premiers pas). L'articulation du corps et le traitement synthétique du visage, fermé et ouvert sur le monde par ses entailles sommaires, évoquent les figures de l'art africain. Puis suivront *La Petite Fille française* (1914-1918 ?), *Platon* (disparu, 1919-1920), *Socrate* (1921-1922), alternativement féminin ou masculin, avec leur large tête à pans coupés, leur corps fiché de tiges et de coupelles, que l'on peut voir comme un cou ou un buste, un torse ou des jambes.

L'humour, le goût de l'assemblage et du métissage président à la création de ces personnages, où Brancusi rend hommage aux philosophes grecs dans une forme à l'africaine, intègre l'esprit qui hante la nature (l'animisme) à l'esprit qui souffle (la parole de

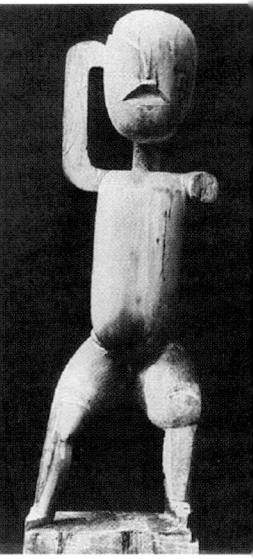

Présences énigmatiques, face obscure d'un monde souterrain appelé à la fois à la verticalité et à la lumière – on peut évoquer les rites d'initiation africains, la caverne primitive des idées de Platon ou le double registre terre/ciel des tableaux du Greco : ci-dessus et ci-contre, *Le Premier Pas* (1913), disparu. Page de droite, *Socrate*, tout en ouverture, tout en bouche, comme si le cri de l'enfant s'était ouvert sur la parole. Sur la photographie de Brancusi, la sculpture devient le support-pilier d'une *Coupe* en bois plein, assemblage éphémère ou « groupe mobile » conservé par la prise de vue.

Socrate). En 1921, Brancusi place la figure d'*Ève*, véritable cascade de capsules, version transculturelle de toutes les Vénus et déesses de fécondité, sur la figure à demi abstraite d'*Adam* (est-ce un socle ou une sculpture?). *L'Esprit du Bouddha* (1938?), autre titre d'une sculpture composite, *Le Roi des rois*, surmontera de sa tête immense aux yeux percés un montage insolite de socles-piliers, tour à tour anneaux, vis de pressoir, etc.

Brancusi continue de dégager les formes «raccourcies» – cylindriques ou arrondies – des torses masculins ou féminins dans le bois ou le marbre. Les premiers *Torse de jeune homme* (1917-1923) sont taillés dans un tronc d'arbre, à l'endroit de la fourche de deux branches. Comme Picasso et Marcel Duchamp, le sculpteur choisit une forme préexistante, une sorte de «ready-made» ou d'«objet trouvé» naturel, dont il transforme le sens tout en préservant la qualité du matériau écorcé qui devient celle du corps.

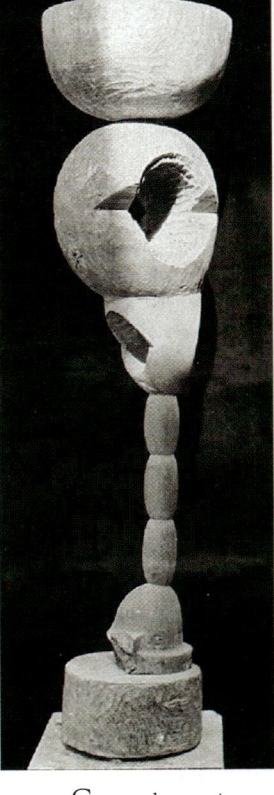

Comme le premier *Torse* est un «morceau» de *La Prière*, le *Torse de jeune homme* (1917?-1922) est issu du *Premier Pas*. Le sculpteur combine l'image du corps tronqué avec la forme d'une branche d'érable. Roché vante la «simplicité et la beauté» d'un «buste en bois d'un type tout à fait nouveau» à John Quinn, qui l'achète.

CHAPITRE 2

De gauche à droite, *La Petite Fille française* (ou *Le Premier Pas III*, [1914-1918?]), *La Sorcière* (1916-1924), *Adam et Ève* (1921) et *Le Roi des rois* (1938?) déclinent les métamorphoses de la matière du bois : « Chaque matière a sa langue propre, écrit Brancusi à John Quinn. [...] Le bois autant que le marbre ne sont d'aucune manière le résultat d'un hasard. Mais celui d'un très grand et très long travail et d'un souci d'équité absolue. » Entières ou morcelées, ce sont des figures en pied ou des ensembles de formes superposées (*La Sorcière* ou *Adam et Ève*). Adam est ravalé au rang de socle-cariatide et supporte Ève : « Ève est au-dessus, car son rôle est de perpétuer la vie. [...] Adam, en dessous, cultive la terre. Il trime et transpire. » Les deux sculptures étaient à l'origine séparées, reposant au sol de toute leur stature. *Le Roi des rois* a été taillé dans une seule pièce de bois où Brancusi a « simulé » l'assemblage de formes hétérogènes, qui font de ce personnage une synthèse inédite. La couronne en fleur de lotus ainsi que le deuxième titre de l'œuvre, *L'Esprit du Bouddha*, évoquent le projet indien d'un temple de méditation auquel elle était destinée.

« Voilà un phallus ! »

En janvier 1920, une forme simplifiée et elliptique, celle d'un corps féminin tout en courbe, *La Princesse X.* (1915-1916), fait scandale au Salon des Indépendants, où Brancusi doit présenter plusieurs œuvres. Lors de leur installation, Matisse – ou Picasso – se serait exclamé devant la sculpture : « Voilà un phallus ! » Pourtant, trois ans plus tôt, une autre version en bronze poli, exposée à New York sous le titre *Princesse Marie Bonaparte*, avait peu suscité d'émotion.

En 1920, c'est la première fois que le Salon des Indépendants s'installe au Grand Palais. Il est présidé par Paul Signac, et Henri Matisse est membre du jury. Eux-mêmes, au temps de leur jeunesse, ont défrayé la chronique au Salon d'Automne de 1905 où ils furent traités de « fauves ». En tête des exposants, Signac, craignant que la vue de *La Princesse X.* ne porte atteinte au sérieux de leur entreprise dans ce lieu vénérable, juge déplacé qu'on expose une telle chose là où « Monsieur Rodin » exposait ; à quoi Brancusi aurait rétorqué que Monsieur Rodin n'avait pas la place à perpétuité.

Le 28 janvier, la sculpture est déplacée avant l'inauguration officielle, puis retirée sur ordre du préfet de police qui juge l'œuvre « de nature à créer des incidents ». Elle sera remise plus tard, après de vives altercations par presse interposée. L'affaire fait le tour de Paris. Ses amis, Léger en premier, soutiennent Brancusi. Une lettre publiée dans *Le Journal du peuple* du 25 février manifeste sous le titre « Pour l'indépendance de l'art » la protestation de plus de soixante-dix signataires, artistes, écrivains et personnalités, faisant de l'émigré roumain la vedette du moment. Parmi eux figurent Henri-Pierre Roché, la baronne Frachon, Francis Picabia, Georges Braque, André Derain, Pablo Picasso, Jean Cocteau, Pierre

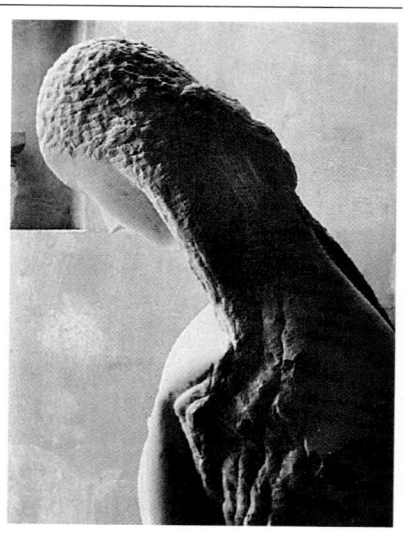

Qu'est-ce donc que cette *Princesse X.* (page de droite, en haut, versions en marbre et en bronze) ? En retaillant le marbre blanc qu'il a sculpté en 1909, *Femme se regardant dans un miroir* (ci-dessus), d'après un modèle resté inconnu, dont la gracieuse coquetterie inspire au sculpteur une pose incurvée tout en retenue, telle une moderne Vierge de l'Annonciation, Brancusi ne retient que la courbe unissant les orbes de la tête et du buste. Le motif d'origine, une jeune femme à la longue chevelure penchée sur un miroir invisible, disparaît et fait place à une forme presque précieuse dont la modulation graduée assure insensiblement le passage d'un…

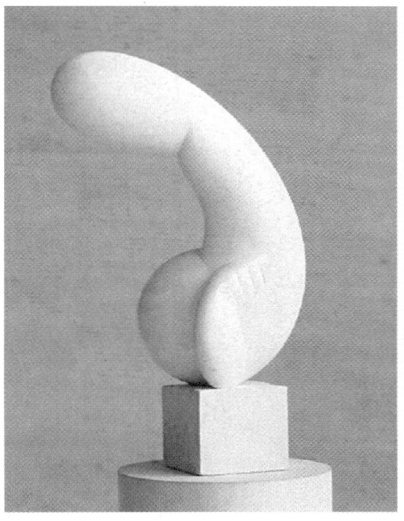

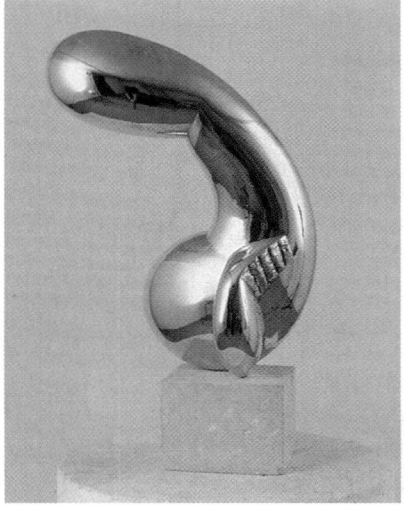

Reverdy, Juan Gris, Blaise Cendrars, Erik Satie, Marie Curie, etc. Mais cet événement le laissera meurtri. Brancusi n'exposera plus qu'exceptionnellement à Paris, préférant montrer ses œuvres en privé dans son atelier, ou bien à l'étranger, en particulier aux États-Unis.

... renflement à l'autre par la gorge allongée. La surface lisse et veloutée du marbre devient plus élastique dans la version en bronze poli – celle du Salon des Indépendants. Le métal en accentue la qualité quasi abstraite et dynamique. La femme changée en sexe masculin (dont on peut associer l'image aux représentations phalliques de l'Antiquité) devient l'éternel androgyne, l'être complet primordial à l'origine de l'humanité que décrivent les plus vieilles religions du monde.

Ci-contre, Brancusi et ses amis, dont Léger, au centre, à la foire du Trône en 1926.

Métamorphose et double lecture

Brancusi s'est souvent pris au jeu des différentes vues venant troubler la lecture des formes de cette *Princesse X.*, dont l'ambiguïté lui avait valu tant d'ennuis. La fusion des formes, leur transformation issue du travail de la taille du marbre (pendant « cinq ans j'ai simplifié, raboté mon œuvre ») engendrent une double vision chez le spectateur qui en un clignement de l'œil peut opérer à son tour la « métamorphose ». « Ce sont les regardeurs qui font le tableau », dira son ami Duchamp. « Les choses d'art sont des miroirs dans lesquels chacun voit ce qui lui ressemble », déclare Brancusi.

Féminité des torses fragmentés, réduits à la rondeur des hanches, torses masculins entre l'arbre et le corps tronqué, fragments de fragment. Du corps redressé au sexe, du féminin au masculin, de nombreuses œuvres opèrent le miracle. *Léda* (1926) est transformée en cygne : corps de femme ou oiseau de la mythologie grecque (dans lequel s'était caché Zeus) selon le regard qui retient alternativement le torse ou le cou, la hanche féminine ou le dos fuselé. *Le Miracle* (1932 ?) puis *Le Phoque* (1943) superposent à la vision de l'animal cambré celle d'une jeune fille redressée, mais à la différence de *Léda* dont la métamorphose résulte de la jonction de deux formes bien distinctes, *Le Phoque* est une forme unique et continue, tendue et saisie dans son élan.

La *Léda* en bronze poli (ci-contre) est posée sur un disque en acier poli, qui tourne avec elle et reflète son image. Au mouvement du regard autour de l'œuvre se substitue ainsi celui de *Léda* : « Des années plus tard naquit la *Léda* de bronze poli, tournant sans arrêt, lente sur son socle, reflétant comme un miroir d'or le contenu, ondulant et mouvant, de l'atelier, mêlant jusqu'au vertige ses formes mythiques à celles des statues et personnages environnants, causant un émerveillement qui croissait encore en moi après cinquante visites » (Henri-Pierre Roché).

Marcel Duchamp (ci-dessus), qui a exposé avec Brancusi en 1913 à l'Armory Show de New York, ne reviendra à Paris qu'en 1923. Une amitié complice s'établit entre les deux artistes, qui durera jusqu'à la mort de Brancusi.

L'impression de mouvement s'accentue avec la subite rupture du corps par une intersection plate exprimant une tête invisible. Des bronzes, polis jusqu'à devenir parfaitement lisses et brillants, Brancusi redouble encore le reflet par l'adjonction d'un disque en métal poli : comme les bronzes du *Commencement du monde* (1924), du *Nouveau-né* (1925), du *Poisson* (1930), *Léda* se réfléchit dans un miroir et peut tourner avec lui sur elle-même, à l'aide d'un roulement à billes, actionné à l'occasion d'une visite (ou d'une prise de vues) par un petit moteur. « Le poli, c'est une nécessité que demandent les formes relativement absolues de certaines matières. » Le scandale de la *Princesse X.*, plus tard le procès avec les douanes américaines, le pouvoir de double vue que le sculpteur transmet au spectateur : autant de lectures de l'œuvre de Brancusi.

"Pour Brancusi, le merveilleux surgissait de la poussière du quotidien. La vie l'engendrait tout naturellement, il suffisait de savoir l'accueillir. Sa sculpture *Le Miracle* [ci-contre] remonte au geste de libération d'une jeune fille, longtemps captive d'un amour malheureux. Intérieurement crispée, incapable de considérer autre chose que son cas individuel, elle sort soudain de l'ombre, redécouvre l'univers […]. Miracle ! Brancusi […] l'observe, et le mouvement de son cou qui se libère et se redresse se confond, à ses yeux, avec la rayonnante souplesse d'un animal aquatique. Le milieu, l'événement, la fantaisie se mêlent et se superposent, et c'est pourquoi, plus tard, une variation de cette sculpture aura pour sous-titre *Le Phoque* [ci-dessus, *Le Phoque II*].**"**
Carola Giedon-Welcker

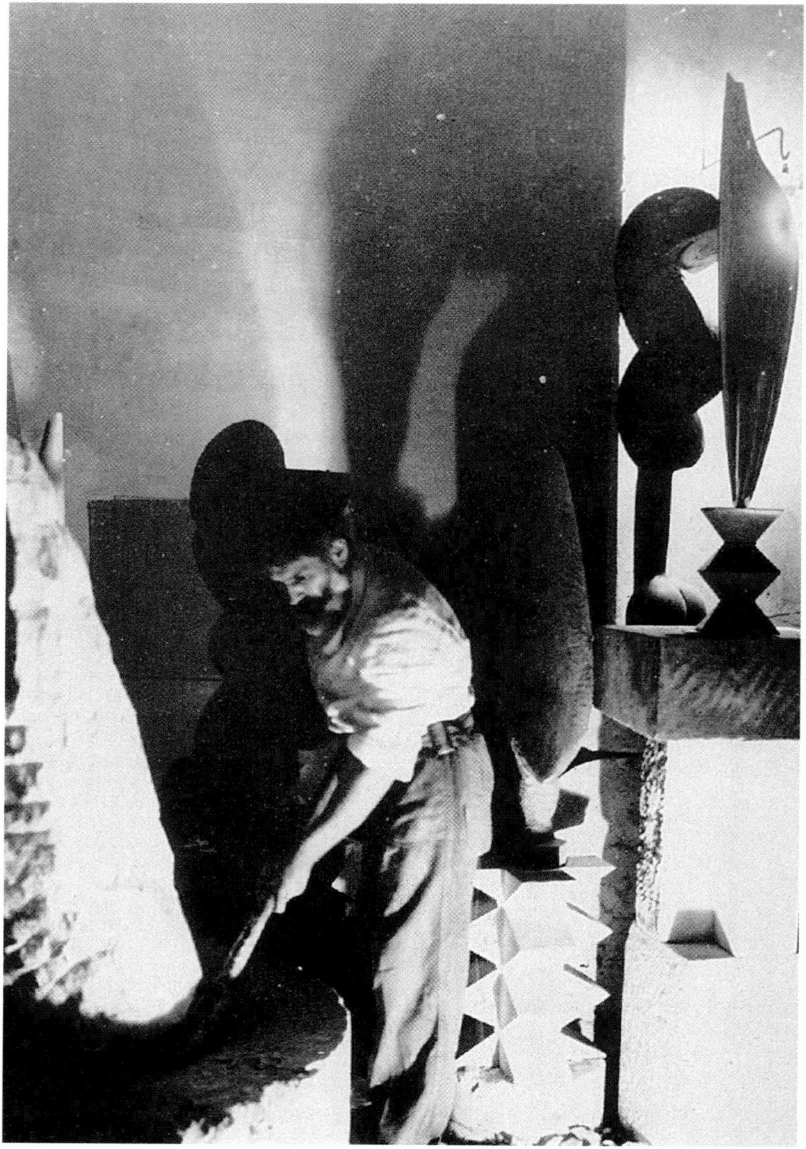

UN ARTISTE ARCHAÏQUE ET MODERNE 57

Celui-ci pourtant nous prévient de ses intentions : « La simplicité n'est pas un but dans l'art, mais on arrive à la simplicité malgré soi en s'approchant du sens réel des choses ». Ou bien encore : « Ne cherchez pas de formules obscures ou de mystère. C'est de la joie pure que je vous donne. Regardez les sculptures jusqu'à ce que vous les voyiez. Les plus près de Dieu les ont vues. »

L'ouverture à la philosophie orientale

Pour Brancusi, le souci de concentration des formes vise l'expérience visuelle originelle, l'innocence de l'état primordial ; l'on doit donc éviter d'ériger toute interprétation subjective en regard objectif. Brancusi veut faire de son œuvre une manifestation de l'esprit, un lieu d'identification et de méditation pour lui comme pour le spectateur.

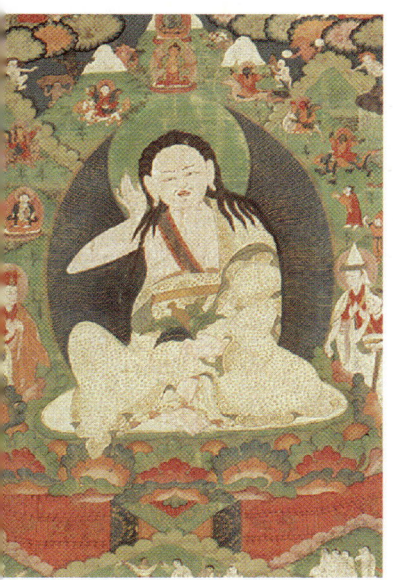

En avançant en âge, Brancusi ne regarde plus seulement les arts des autres cultures (africaine, égyptienne ou orientale) comme des possibilités de formes, mais comme des modèles de sagesse ou d'intériorité. Né dès ses premières visites au musée Guimet en 1909, son intérêt pour l'Inde ou le Tibet le montre dans les années vingt de plus en plus ouvert à la philosophie orientale. *Le Poète tibétain Milarepa* de Jacques Bacot, publié à Paris en 1925, devient son livre de chevet. Comme tant d'autres traditions orientales, l'enseignement de ce moine du XIe siècle vise à libérer l'homme de ses contradictions, à lui rendre l'unité antérieure à la création.

L'un des livres préférés de Brancusi était *Le Poète tibétain Milarepa : ses crimes, ses épreuves, son nirvana*. Ce saint ermite, poète, magicien, vécut au Tibet de 1052 à 1135 (ci-dessous, dans l'attitude typique du poète, la main droite portée à l'oreille). Les aphorismes écrits par Brancusi témoignent de sa recherche spirituelle : « Il y a un but dans toutes les choses. Pour y arriver, il faut se dégager de soi-même » ou « Je ne suis plus de ce monde, je suis loin de moi-même et détaché de ma personne. Je suis chez les choses essentielles ». Marcel Duchamp lui reconnaît également une « tendance mystique » : « combinée avec un intellect capable de développer une idée, et une habileté vraiment merveilleuse pour la rendre visible, [elle] explique suffisamment Brancusi ». Dans une interview parue dans *Art News* du 18 novembre 1933, Duchamp remarque que Brancusi « pénètre la substance de ses matériaux et travaille avec les molécules et les atomes comme le faisaient les Chinois... »

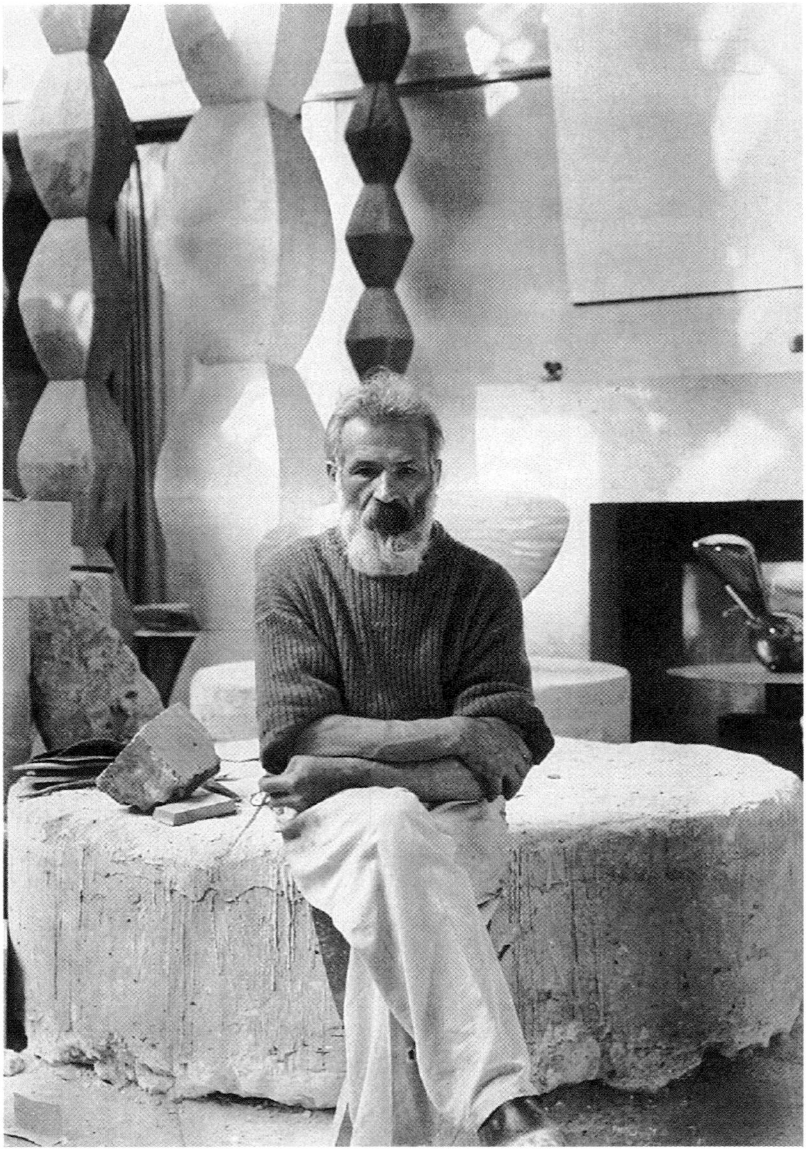

Avec la *Maïastra* (1910-1912), idée première des *Oiseau*, et la série des *Oiseau dans l'espace*, Brancusi unit dans la pierre le vol et son contraire, la pesanteur. « Je n'ai cherché pendant toute ma vie que l'essence du vol », dit-il. De 1919 à 1941, où il réalise le dernier *Oiseau* en bronze poli, le sculpteur recherche sans relâche à traduire l'essor d'une forme verticale dans l'espace, achevant une série de vingt-sept versions en marbre et en bronze.

CHAPITRE 3
SÉRIES ET VARIATIONS

« J'ai voulu que la *Maïastra* relève la tête sans exprimer par ce mouvement la fierté, l'orgueil ou le défi. Ce fut le problème le plus difficile et ce n'est qu'après un long effort que je parvins à rendre ce mouvement intégré à l'essor du vol. » De l'oiseau légendaire naît cet *Oiseau* qui surgit à la verticale de son socle en zigzag. Brancusi le travaille longuement pour exprimer le vol. Ci-contre, une réplique en marbre de *L'Oiseau* de 1919.

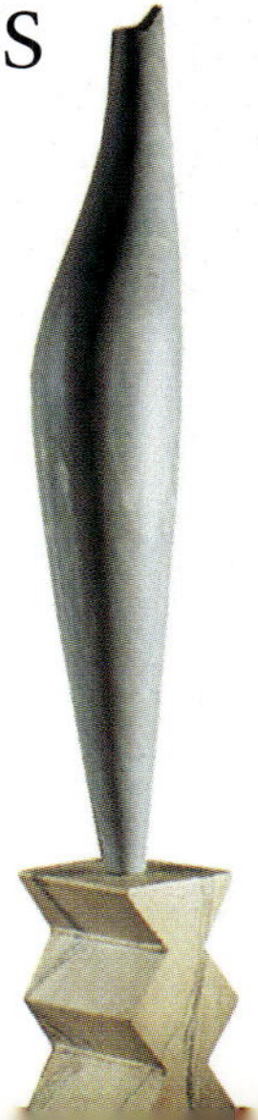

Un oiseau fabuleux

Depuis la nuit des temps, le thème du vol ou de l'envol symbolise pour l'homme, autrefois courbé sur la terre, la victoire suprême sur sa condition d'origine. Curieusement, Brancusi réservera la position horizontale à quelques exceptions : *Le Poisson* (1930), qui fend l'espace de sa mince lame de marbre, *Le Phoque* (1932 ? et 1943) qui se redresse, la *Tortue volante* (1941 ?-1945). Alors qu'il aborde la forme animale pour la première fois avec *Maïastra*, c'est à la verticale et ses multiples défis au poids et à l'équilibre que Brancusi va se consacrer à travers ce thème.

Version roumaine de l'Oiseau bleu de nos contes, la Maïastra (féminin de « maître » en roumain) est un oiseau fabuleux au chant magique qui participe à la création du monde. Brancusi donne le nom de cet être mythique à la première version de ses *Oiseau*, encore proche de la nature : posés sur une pyramide de socles, les pieds géométrisés en « queue-de-pie » soutiennent un corps arrondi comme un œuf, surmonté d'une tête au long cou recourbé et au bec entrouvert. À partir d'elle, Brancusi développe une série de formes verticales dont la tension et l'élan s'accroissent au fur et à mesure de leur simplification poussée à l'extrême.

Des formes de plus en plus élancées

En 1919, *L'Oiseau jaune,* suivi de son double en bronze, *L'Oiseau d'or,* présente déjà une forme continue en ellipse, qui surgit de son socle et s'étire à la verticale, dans un seul mouvement terminé par une simple fente tournée vers le ciel. Plusieurs éléments concourent à faire de *L'Oiseau* une forme de plus en plus élancée et élevée dans l'espace, au bord du déséquilibre. Le pied de *L'Oiseau,* d'abord fiché dans une base géométrique, s'amincit en un cône dans la version de 1923, puis s'intègre au corps dans une forme progressivement étirée et modulée, comme sous l'effet d'une vibration, dans toutes les versions suivantes.

Roché raconte : « Le premier des *Oiseau* en marbre blanc de cette série avait comme support, encastré, un petit cône, en même marbre blanc, mais un peu étranger à son être. Brancusi travailla un an à concevoir et à exécuter la tige vivante, palpitante, qui le soutient et qui le lance actuellement, aussi difficile à trouver, dit-il, que tout l'oiseau. » Le passage entre le pied et le corps se fait par une taille très fine, d'où jaillit l'arc du ventre bombé, dans une tension qui s'achève sur un petit pan coupé et incliné vers l'arrière. Au-delà, on peut imaginer la tête absente de l'oiseau.

L'écrivain Henri-Pierre Roché (ci-dessus, à droite) devient en 1917 l'agent de Brancusi auprès de John Quinn. Il échange avec lui, pour le compte du sculpteur, une importante correspondance, indiquant, entre autres, de quel côté *La Muse endormie* doit être posée, ou se plaignant de ce que les œuvres prêtées par John Quinn en 1922 à la Sculptor's Gallery de New York (dont le fameux *Oiseau jaune* de 1919 et sa réplique *L'Oiseau d'or* de 1919-1920, reproduit ci-contre) sont serrées contre le mur dont la tenture a des plis ! Page de gauche, dessin de *Maïastra* (vers 1912), *Le Poisson* (1926), *Maïastra* (1912).

Le temple du maharadjah

Les *Oiseau dans l'espace* les plus célèbres et sans doute les plus beaux sont les deux marbres, un blanc et un noir, réalisés en 1931-1936. Ils sont acquis par le maharadjah Holkar d'Indore pour un temple, le Temple de la Délivrance, qui restera à l'état de projet. Ces *Oiseau* devaient y figurer avec une troisième version plus lumineuse, en bronze poli. Leurs dimensions en font les plus grands des *Oiseau* et les désignent comme l'aboutissement des recherches de Brancusi : l'achèvement, dans ce matériau, du thème de l'envol.

Au printemps de 1936, dans une lettre destinée au maharadjah, Brancusi écrit : « La hauteur de l'oiseau ne veut rien dire en soi. Ce sont les proportions intimes de l'objet qui font tout. [...] Mes deux derniers oiseaux, le noir et le blanc, sont ceux où je me suis approché le plus de la mesure juste. »

Des photographies de Brancusi prises dans son atelier montrent une mise en scène et un éclairage qui insistent sur la magie de l'ombre et de la lumière : le marbre blanc diaphane est situé contre un rideau noir, le marbre noir est à contre-jour sur un fond clair.

En 1933, le maharadjah d'Indore commande à Brancusi, en mémoire de sa femme, un temple qui doit abriter trois *Oiseau dans l'espace*, « une haute statue de chêne », *L'Esprit du Bouddha*, et, sur les murs, des fresques représentant le vol horizontal de l'oiseau (ci-dessous).

SÉRIES ET VARIATIONS 63

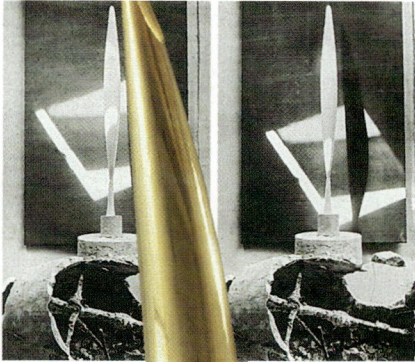

Henri-Pierre Roché décrit le temple « sans portes ni fenêtres, avec une entrée souterraine », et à l'intérieur « une disposition telle que *L'Oiseau d'or* fût frappé en plein par le soleil du midi, à travers le trou circulaire du plafond, tel jour sacré de l'année ». Cela n'est pas sans évoquer les anciens Égyptiens qui ménageaient à leurs initiés, à un moment précis de l'année, l'apparition d'une déesse en basalte noir sous le rai du soleil pénétrant dans l'obscurité d'un temple : une mise en scène encore visible dans le temple de Bastet, à Karnak.

Brancusi recherche les effets de lumière qui peuvent modifier la vision de ses *Oiseau*. Une série de prises de vue montre la progression d'un losange de soleil sur la verticale blanche d'un oiseau, doublé de son ombre. Ainsi, Brancusi enregistre les variations dans le temps d'une combinaison de formes lumineuses.

« Je vais vous donner des photos de mes oiseaux, avec des dates, depuis le premier. [...] Pour les derniers oiseaux les différences entre eux n'apparaissent guère sur les photos. Chacun est pourtant fait d'une inspiration neuve, indépendante de celle du précédent. » Le maharadjah achète les *Oiseau dans l'espace* (à gauche, *L'Oiseau* en marbre blanc de 1931-1936), mais le temple n'est pas réalisé. Ci-dessus, le jeu de la lumière qu'un vasistas de l'atelier projette sur la forme de *L'Oiseau dans l'espace*. D'un *Oiseau* à l'autre, Brancusi poursuit « l'équité absolue » dans le marbre et le bronze, les polissant indéfiniment, modifiant leur surface de manière imperceptible, réglant sans fin leur fragile équilibre.

Des variations à l'infini

Même si Brancusi poursuit à chaque fois une forme unique, il cherchera tout au long de sa vie à varier sur un thème à l'infini. « Mes oiseaux sont une série d'objets différents sur une recherche centrale qui reste la même. » Les sculptures en bronze, issues d'un original en marbre, se distinguent entre elles par des différences infimes et subtiles, à peine visibles à l'œil nu, qui assurent à l'œuvre unique son authenticité. En effet, si les bronzes sont tirés par le fondeur, Brancusi tient à régler leurs surfaces brillantes et doucement modulées par un polissage minutieux : il dispose d'un matériel complet de disques en chamois, coton ou feutre actionnés par un moteur électrique.

Avec la première série des *Coq*, la répétition des formes est encore à l'échelle de la nature. Multipliée par de nombreuses versions, bois, plâtre blanc ou bronze lumineux, la forme du *Coq* dresse vers le ciel son profil angulaire traversé d'un zigzag symbolique. Précédé par un premier *Coq* en bois massif et maladroit, que Brancusi nomme *Le Coq gaulois* (1922, disparu), le *Coq* en bronze de 1935 s'élève d'un pied élancé sur un socle qui répète la forme du cou, en dents de scie. L'impression de rectitude est renforcée par l'inscription du coq dans un triangle parfait.

Dès 1922-1923, Brancusi développe un autre cycle de *Coq*. Cette fois ils sont monumentaux, modelés directement dans le plâtre ; leur caractère vertical plus affirmé les apparente à la série des *Oiseau*. Le sculpteur rêvera de voir une version colossale du dernier *Grand Coq*, le plus grand de tous, d'une hauteur de 4,85 mètres (*Grand Coq IV*, 1949-1954 ?), se dresser dans un espace approprié, au cœur de Paris.

« Le coq chantait
– co-co-ri-co – et
chaque son faisait
un zig ou un zag dans
son cou.
Le coq de Brancusi est
une scie de joie.
Ce coq scie le jour de
l'arbre de la lumière.
Toutes ces sculptures
sortent d'une fontaine
humaine :
Le coq
Le phoque. »

Jean Arp,
mai 1929

À la fin de sa vie,
Brancusi confie dans
une interview que
ses sculptures ne
sont que les étapes
d'un processus, à la
recherche d'une idée
ou d'une forme
d'expression la mieux
adaptée à un thème ;
qu'aucune de ses
œuvres n'est définitive,
à l'exception de deux :
la *Colonne sans fin* et
Le Coq. Il a donné la
première à son pays
natal et destine *Le Coq*
à son pays d'adoption,
souhaitant le voir se
dresser à une échelle
monumentale au
milieu de Paris (peut-
être comme un
symbole de la France),
aux Champs-Élysées.

Brancusi et Dada

Bien que les œuvres de Brancusi évoquent une recherche de l'essentiel selon un idéal somme toute classique, le sculpteur n'a pas participé à la réaction néo-classique qui a sévi à Paris après la fin de la Première Guerre mondiale, dans la mouvance de Picasso. En revanche, il se trouve associé aux activités provocantes du mouvement dada par ses rencontres, de 1919 à 1921, avec Erik Satie, Francis Picabia, Tristan Tzara et Man Ray, et surtout par son amitié renouvelée avec Marcel Duchamp, qui revient de New York à Paris en 1923.

En 1920, Brancusi assiste à quelques manifestations dada turbulentes : le *Manifeste cannibale* de Picabia lu par Breton, les « Excursions et Visites dada », le festival dada enfin. Ses amis dadaïstes fréquentent assidûment son atelier.

Il est très proche de son compatriote Tristan Tzara au point de le soutenir en 1922 dans la dispute qui l'oppose au « pape » du surréalisme, André Breton, en signant en sa faveur une pétition où il ajoute : « En art il n'y a pas d'étrangers. »

Brancusi a fait la connaissance de Duchamp dès 1912, alors que Fernand Léger, rencontré en 1908, devient l'ami fidèle et le compagnon des années vingt.

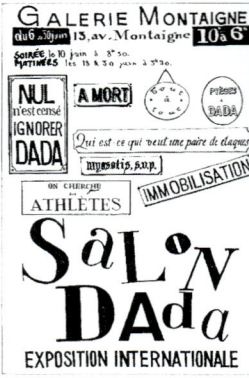

Brancusi entre Duchamp et Tzara (en bas). Duchamp, en créant le « ready-made » en 1915, ébranle les catégories de goût et de valeur (ci-dessous, *Fontaine*, 1917). À droite, dessin de Brancusi sur le thème de *Socrate* (vers 1922), avec l'inscription « Dada nous amènera les choses à notre temps ».

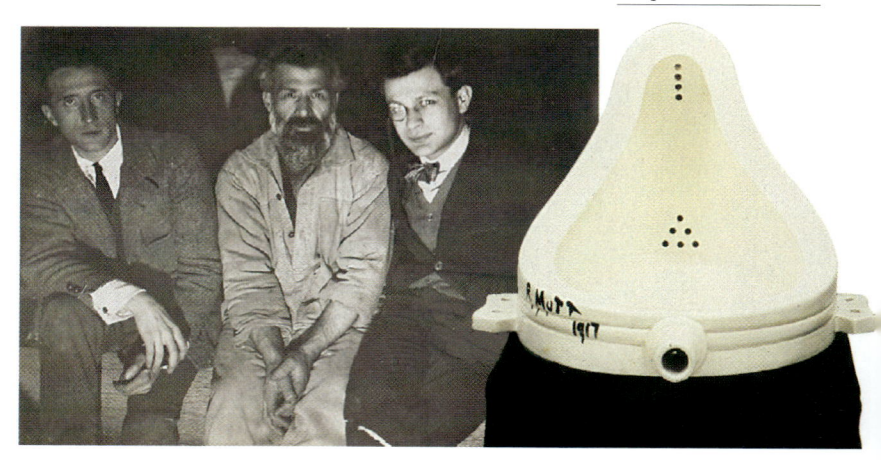

La compagnie de deux artistes si différents est un symbole des amitiés contrastées du sculpteur. Avec Léger et les « puristes », Brancusi partage une même sensibilité pour un art purement plastique, dont la simplicité alliée à la plénitude des formes peut évoquer la perfection des objets manufacturés de l'industrie.

Si Léger et Brancusi restent très proches dans leur recherche de plasticité, les relations avec Marcel Duchamp seront plus intimes et plus durables tout en restant mystérieuses. Dans ses « ready-made », Duchamp a porté à la dignité d'œuvres d'art de simples objets manufacturés : la *Roue de bicyclette* (1913), le *Porte-bouteilles* (1914) ou encore la fameuse *Fontaine*, ou *Urinoir* (1917).

Comme Duchamp et ses amis, Brancusi change ses objets en œuvres d'art et vice versa, et met à l'épreuve la distinction entre l'art et la vie : certaines de ses œuvres ressemblent à des objets ordinaires et ses *Oiseau dans l'espace* peuvent faire penser à des objets industriels (hélices ou fusées).

Malgré une certaine complicité avec l'esprit dada, Brancusi développe un art très éloigné de ce mouvement. Il partage surtout avec ses amis dadaïstes un solide anticonformisme, le goût du jeu et de la mystification. Ainsi, l'innocente escapade avec Raymond Radiguet, en janvier 1922, révèle un caractère épris avant tout de liberté, qui peut aller jusqu'à la provocation.

La peinture de Léger est fondée sur la construction de formes très dépouillées, où figures et objets ont la même valeur décorative. *La Lecture* (ci-dessus, 1924) a la rigueur d'une épure proche de la perfection des formes chez Brancusi.

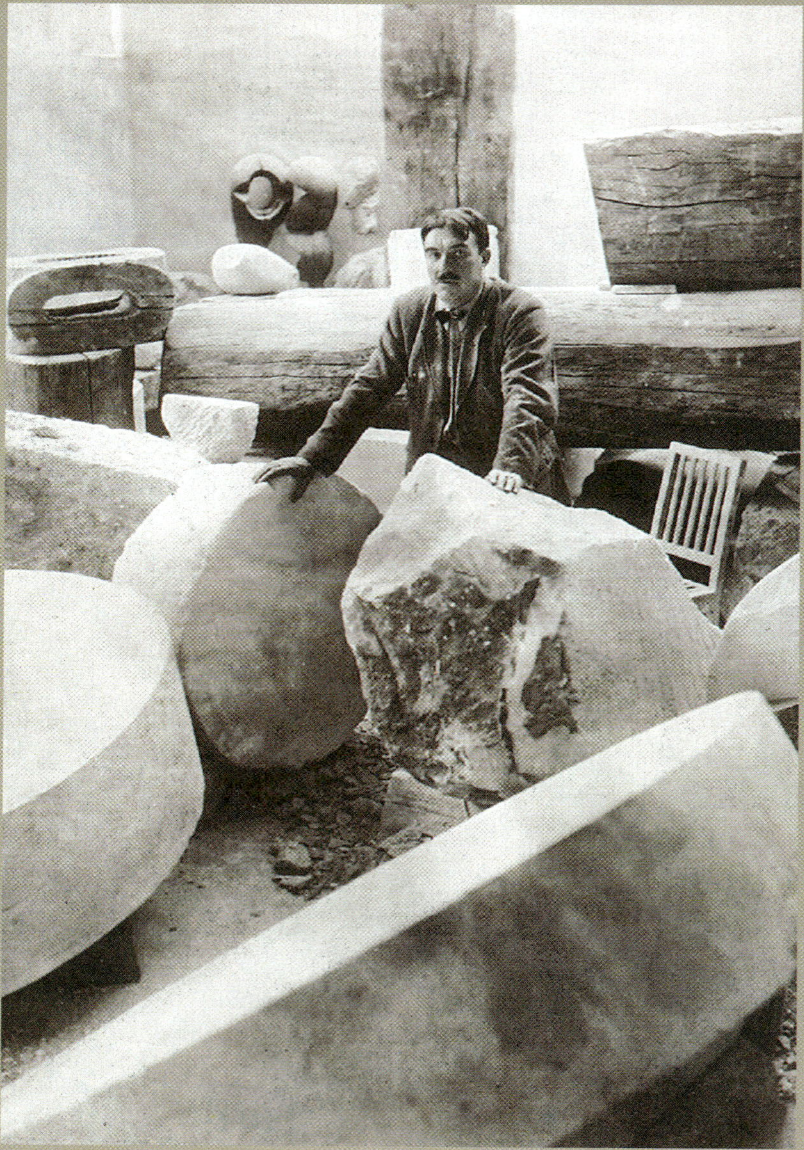

SÉRIES ET VARIATIONS 69

Brancusi, Man Ray et la photographie

Dès 1905, Brancusi a eu recours à la photographie pour conserver de ses œuvres de petits instantanés, souvent contretypés par la suite au moment où il se met à faire ses propres tirages. Ses premiers supporters sont aussi de grands photographes : son ami Edward Steichen et Alfred Stieglitz. La rencontre avec Man Ray, peu après l'arrivée de celui-ci à Paris en 1921, cristallise un intérêt déjà ancien pour la photographie en rapport avec son travail : « Ce qui l'intéresserait, rapporte Man Ray, ce serait de bonnes photographies de ses œuvres : jusqu'à présent les quelques reproductions qu'il avait vues l'avaient déçu. Il me montra alors une photo que lui avait envoyée Stieglitz, prise lors de son exposition new-yorkaise. [...] La photo, dit-il, était belle, mais elle ne représentait pas son œuvre. Lui seul saurait la photographier. Pourrais-je l'aider à se procurer le matériel nécessaire et lui donner quelques conseils ? Avec plaisir, répondis-je. Et le lendemain nous fîmes l'achat d'un appareil et d'un pied. Je suggérai qu'une maison de travaux photographiques fasse les tirages. Mais Brancusi voulait faire cela aussi. Il construisit donc une chambre obscure dans un coin de son atelier, tout seul… »

En photographe professionnel, Man Ray (page précédente, son portrait dans l'atelier de Brancusi, vers 1930) raconte son étonnement devant les premiers tirages effectués par Brancusi. Ses épreuves lui paraissent « floues, sur- ou sous-exposées, rayées et tachées. Voilà [dit Brancusi] comme il fallait reproduire ses œuvres. Il avait peut-être raison : un de ses oiseaux dorés avait été pris sous un rayon de soleil, de sorte qu'il irradiait comme s'il avait une auréole, ce qui donnait à cette œuvre un caractère explosif ». Ci-dessus, le groupe dada en 1921, par Man Ray.

SÉRIES ET VARIATIONS 71

C'est dans la composition, le cadrage et le réglage de la lumière que Brancusi affirme la vision de son œuvre. Ses photographies nous permettent de mieux percevoir l'espace indissociable de la sculpture. Ici, exceptionnellement, le photographe est présent sur sa photo, de manière discrète et symbolique : par une surimpression avec le cliché d'un tronc d'arbre refleuri, il apparaît, posant devant son propre appareil dont il vient de déclencher l'obturateur (on aperçoit le fil qui le relie à la poire tenue dans sa main). Brancusi travaillait avec une chambre à soufflet et des négatifs en verre semblables à ceux reproduits ci-dessous. Il possédait un pied à crémaillère, une chambre Thornton Pickard 13 x 18, munie d'un objectif de focale 250, un soufflet et une grande chambre démontable 20 x 25.

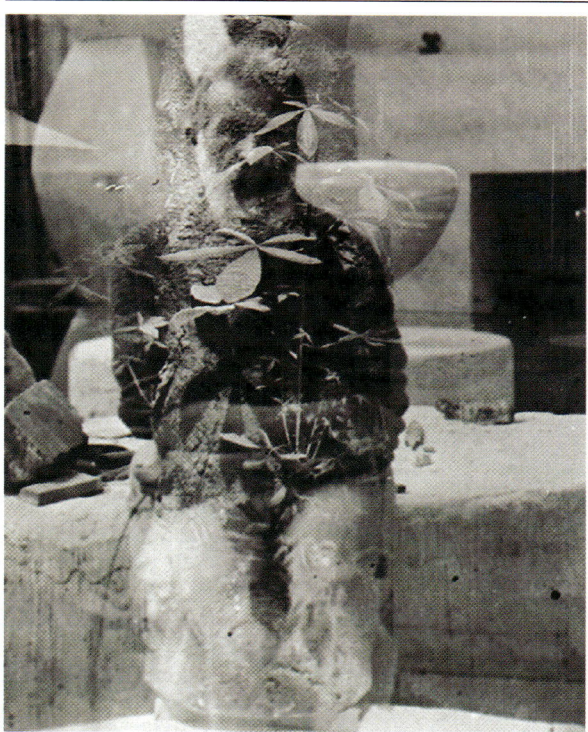

C'est en effet à partir des années vingt que Brancusi constitue un véritable journal visuel de son œuvre : plus de mille huit cents négatifs et tirages originaux, chaque négatif donnant lieu à plusieurs tirages de taille et cadrage différents.

Étroitement reliée à sa pratique de sculpteur, la photographie est pour lui un moyen d'« essayer » l'œuvre en cours dans son environnement. Elle lui permet surtout de fixer les multiples points de vue de l'atelier, d'en déployer l'espace à l'infini, comme une œuvre en constant devenir.

72 CHAPITRE 3

La première grande exposition

À l'instar d'Henri-Pierre Roché auprès de John Quinn, Marcel Duchamp devient l'agent du sculpteur à l'occasion de deux expositions personnelles organisées en 1926 à New York. Brancusi se rend pour la première fois aux États-Unis pour assister en En 1926, Brancusi a cinquante ans et va pour la première fois aux États-Unis, s'embarquant le 1er septembre avec le chien de Steichen (ci-contre). Le 27 novembre, une importante exposition s'ouvre à New York, à la Brummer Gallery (ci-dessous, avec le premier *Oiseau dans l'espace* de 1923 et son pied en cône). Dans la même galerie, une seconde exposition sera organisée par Duchamp en 1933-1934 (page de droite, vue avec *La Colonne du baiser*). Resté à Paris, Brancusi câble ses instructions, Duchamp lui envoie des nouvelles en signant Morice, comme certains intimes du sculpteur (à droite, en haut et en bas).

SÉRIES ET VARIATIONS

> Colnendi New York le 11 Janvier
> Vendez pas la muse plâtre donnela a un musé qui a acheté déja autre chose stop on peus ~~pourraie~~ moulé la colonne du baiser pour le même prix
> Brancusi

février au vernissage des Wildenstein Galleries où il présente huit sculptures et des dessins. Il y retourne une deuxième fois alors que la Brummer Gallery organise, avec l'aide de Duchamp, la première grande exposition de ses œuvres en novembre-décembre 1926. Le catalogue préfacé par Paul Morand comprend quarante-deux sculptures incluant cinq socles, dont les quatre premiers *Oiseau dans l'espace* de 1923, 1925 et 1926 et la *Colonne* de 1918 qu'il intitule la *Colonne sans fin*. Lors de sa deuxième exposition à la Brummer Gallery en 1933-1934, Brancusi restera à Paris et se reposera entièrement sur la diligence de Marcel Duchamp, qui veillera à l'installation, suivra la vente, les relations avec la presse et les collectionneurs.

❝N'était pas Maurice n'importe qui! Il fallait livrer le fond de soi-même, un fond très pur, pour être un Maurice.❞
— Lydie Levassor, première épouse de Duchamp

> gros gros succès –
> galerie pleine tous jours –
> Affectueux
> Duchamp
> Maurice

If It's a Bird, Shoot It

Judge, Who Can Take His Art or Leave It Alone, Wonders What Cage at Bronx Zoo This Animal Would Call Home

It stood upon a table, glistening and apparently poised, either for flying as a bird, for springing as a tiger, or for launching as a barge. It was a work of art

En procès contre les douanes américaines

En 1927, un scandale met Brancusi sur le devant de la scène artistique. Les douanes américaines refusent de voir dans *L'Oiseau dans l'espace* en bronze poli, récemment exposé à New York en 1926, une œuvre d'art, exonérée des taxes sur les métaux.

Il s'agit de *L'Oiseau* prêté par Steichen à la Brummer Gallery. De New York, Duchamp écrit au sculpteur en janvier 1927 que « le gouvernement américain insiste pour les 200 dollars de douane sur *L'Oiseau* » et décide avec Steichen de prendre un avocat. Un procès est entamé, qui se terminera en la faveur de Brancusi, près de deux ans plus tard, en novembre 1928. Outre Steichen, le sculpteur Jacob Epstein, le directeur du musée de Brooklyn, l'éditeur du journal *Arts* et un critique témoignent pour Brancusi. Deux sculpteurs académiques représentent la partie adverse.

La presse américaine reproduit en gros titres la question que tout le monde se pose : est-ce de l'art ? « Quoi que ce soit, ce n'est pas de l'art », et « Comment savent-ils que c'est un oiseau et sont-ils sûrs que c'est de l'art ? », titre le journal *America* le 13 mars 1927.

Ce procès devient celui de l'art moderne qui remet en cause la fidélité à la représentation du modèle. La jurisprudence américaine de l'époque spécifie que les œuvres d'art sculptées doivent être des « imitations d'objets naturels, principalement la forme humaine, […] rendus dans leurs proportions réelles », pour ne pas être taxées comme de vulgaires morceaux de métal.

Le jugement final reconnaît la validité d'une œuvre d'art non imitative et conclut que *L'Oiseau dans l'espace* « est la production originale d'un sculpteur

Le *New York Mirror* du 22 octobre 1927 titre à la une : « Si c'est un oiseau, tirez dessus. » Et dans un encadré : « Pas de blague… cela ressemble peut-être à une cuiller sur un piédestal, mais c'est en fait "L'Oiseau". »

La *Coupe* en bois est une œuvre d'art au même titre que le *Portrait de Mrs. Eugene Meyer Jr.* aux socles taillés dans le même marbre noir (à droite).

This Is "The Bird!"

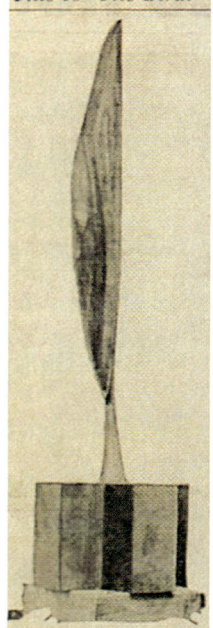

NO FOOLIN', folks, this may look like a spoon mounted on a pedestal, but it's actually "The Bird," according to its creator, Brancusi, and its proud owner, Edward Steichen.

professionnel et est donc une pièce de sculpture et une œuvre d'art ».

De manière moins radicale que Duchamp, qui l'assiste dans ce procès, Brancusi pose sans l'avoir voulu la question du statut de l'œuvre d'art.

Socles, sculptures et objets utilitaires

Les nombreuses photographies que Brancusi prend de son atelier le font apparaître comme un microcosme où la sculpture est soumise à de perpétuelles mutations entre socle et œuvre achevée, entre mobilier et objet. Des formes en bois, comme les *Cariatide* ou *Socrate*, quittent leur simple rôle de base pour devenir une sculpture à part entière, qui mérite l'appellation d'œuvre d'art. Il n'y a plus de hiérarchie entre le haut et le bas, entre le banal et le noble.

Brancusi élargit le concept d'art jusqu'à l'environnement quotidien : des *Coupe* à la forme non évidée en passant par du « vrai » mobilier comme le *Banc* et la *Porte* (vers 1915-1916 ?) ou le *Fauteuil* (1922), qui seront acquis ou exposés à l'égal d'œuvres d'art authentiques, jusqu'au *Portrait de Mrs. Eugene Meyer Jr.* (1930-1933), véritable colonne de marbre, « pièce unique en trois pièces ».

❝ Le juge Waite interroge Steichen :
« Comment appelez-vous ceci ?
– J'utilise le même terme que le sculpteur, *Oiseau*, un oiseau.
– Qu'est-ce qui fait que vous l'appelez un *oiseau* ; est-ce que pour vous cela ressemble à un oiseau ?
– Cela ne ressemble pas à un oiseau, mais je sens que c'est un oiseau ; c'est caractérisé par l'artiste comme un oiseau. […]
– Si vous le voyiez dans la rue, vous ne penseriez jamais à l'appeler un oiseau, n'est-ce pas ? Si vous le voyiez dans la forêt, vous ne tireriez pas dessus ?
– Non, Votre Honneur. ❞

Extrait des minutes du procès Brancusi contre les douanes américaines

Le désir de transformer tout objet venu de l'extérieur conduit Brancusi à intégrer le haut-parleur d'une radio dans un lourd cadre de pierre, à tailler lui-même le manteau de sa cheminée dans de grands parallélépipèdes de pierre, et à multiplier sièges et tabourets en bois dans des formes analogues à celles des socles.

Lors de sa deuxième grande exposition personnelle, organisée à la Brummer Gallery, à New York, en 1933-1934, Brancusi va jusqu'à donner des titres à ces œuvres qui vont de l'objet utilitaire, comme le *Tabouret de téléphone*, datant du milieu des années vingt, à un objet plus énigmatique, le *Chien de garde* (1920).

En 1922, Brancusi envoie à John Quinn des photographies de ses socles (ci-dessous, à gauche) pour les sculptures de sa collection. « Brancusi a fait des socles absolument splendides. [...] Ce sont des œuvres en soi », écrit Henri-Pierre Roché.

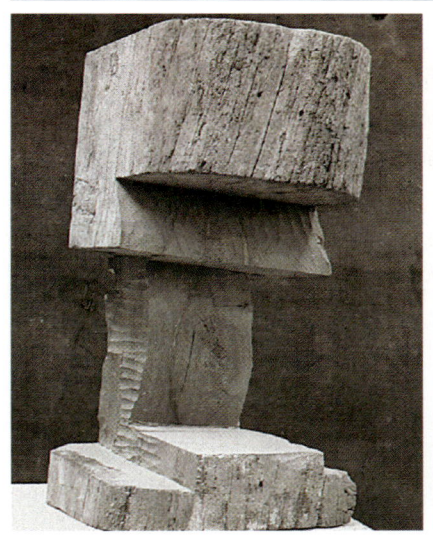

Des formes qui voyagent dans l'atelier

Certains socles sont attribués de manière définitive à une œuvre ou une série, comme les motifs en X qui supportent les *Oiseau dans l'espace*. D'autres ensembles, que Brancusi appelle « groupes mobiles », sont fixés par la photographie, puis disparaissent pour reparaître sous la forme d'éléments combinés dans l'assemblage de nouvelles sculptures. Non seulement des « morceaux » sont réutilisés ailleurs, à une autre place et avec une autre fonction, mais les formes elles-mêmes sont répétées dans une combinatoire qui multiplie les possibilités de l'œuvre dans l'espace.

Ainsi, la forme en anneau allongé et évidé peut « voyager » dans l'atelier : elle figure comme un tabouret sous les pieds de Brancusi ; elle se transforme en socle de *La Muse endormie* ; elle devient partie intégrante d'une sculpture composite mais faite en continu dans un bois d'une seule pièce (*Le Roi des rois* ou *L'Esprit du Bouddha*). De la même façon, l'élément simple de la *Colonne*, sorte de « bobine » ou double pyramide tronquée, a été utilisé comme support ou comme pilier.

Posé sur une base de pierre, le *Chien de garde* (1920) est photographié par Brancusi comme une sculpture (ci-dessus, à gauche). Il sera converti en socle pour *La Sorcière*. Malgré son appellation, le *Tabouret de téléphone* est une œuvre dont la forme peut se retrouver dans une autre sculpture (ci-dessus, à droite).

La *Plante exotique* (1923-1924 ; page de gauche) a une base aussi élaborée qu'une sculpture ; sa forme simple ressemble à celle du socle au centre de la photo de gauche.

Une ancienne photographie de Brancusi montre le premier état de la deuxième *Maïastra* de 1915 (en haut, à droite). Cassée lors d'un bombardement sur Paris, elle sera retravaillée dans une version raccourcie. Le marbre blanc est mis en valeur par un assemblage composite, qui « éclatera » en plusieurs éléments dont la forme en anneau (à droite). Cette même forme est utilisée pour le socle de *La Muse endormie*, qui change de fonction d'un coin à l'autre de l'atelier (à droite, ci-dessus, et ci-contre).

La répétition indéfinie du module peut faire varier une œuvre du simple objet décoratif (le socle) à la sculpture proprement dite, puis à la sculpture monumentale qui se déploie dans l'espace, à l'intérieur ou à l'extérieur de l'atelier : c'est le cas de la *Colonne sans fin*. Celle-ci, dit Brancusi, n'a besoin ni de piédestal ni de socle, car elle tient par sa propre force. Ainsi, l'œuvre est douée de mobilité et d'ubiquité : au changement de forme succède le changement d'échelle et de point de vue.

Simple pilier parmi d'autres, la petite *Colonne* (au centre de la photo) est issue du travail sur le bois. Brancusi en dégage des formes élémentaires qu'il combine dans ses socles.

O. E. P. ∝. O. S. P.

M

G. BRANCUSI   O. R. F. ∝. D. E. P.

En 1927, Brancusi quitte son atelier du 8, impasse Ronsin pour s'installer au 11, impasse Ronsin, où il restera jusqu'à la fin de sa vie. C'est là que James Joyce lui rend visite en 1928, accompagné d'Ezra Pound qui veut lui faire rencontrer celui qu'il considère comme « le meilleur sculpteur ». En 1929, de jeunes éditeurs américains commandent à Brancusi le portrait de Joyce pour accompagner les *Tales Told of Shem and Shaun*, extraits de *Finnegans Wake*. Aux premières esquisses réalistes, les éditeurs préféreront le portrait symbolique de l'écrivain, une spirale sans fin accompagnée de lignes verticales. Ce qui fera dire au père de Joyce : « Jim a plus changé que je ne l'aurais pensé ! » Un « portrait » en carton portant en son centre un ressort en spirale figurera longtemps sur un mur de l'atelier. À gauche, *Symbole de James Joyce*, mai 1929 ; à droite, *Portrait de James Joyce*, 1929 ; en bas, James Joyce en 1934.

La *Colonne sans fin*

La sculpture sur bois entraîne Brancusi vers de plus grands formats. L'emploi de ce matériau rustique, en particulier pour les socles qui combinent un petit nombre de formes élémentaires, va l'amener à l'architecture. Le développement d'une base d'origine, taillée dans un tronc d'arbre, culmine dans la réalisation, à une échelle monumentale, de la *Colonne sans fin* et à son installation dans un site approprié.

Le motif « abstrait » du support est répété jusqu'à l'autonomie de l'œuvre qui ne soutiendra plus que le ciel. Le spectateur contemple une succession de doubles pyramides tronquées ou de rhomboïdes, selon le module retenu par l'œil. Cela engendre une

De simple « objet » fabriqué par la main de l'artiste, le socle est haussé à la dignité de sculpture, puis à celle de monument. En 1926, Brancusi taille en trois jours une *Colonne sans fin* de 7,17 mètres dans un peuplier du jardin de son ami Steichen. Le site est celui de la croissance de l'arbre. Hors des limites de l'atelier, la *Colonne* est « agrandie » à l'échelle de la nature (à gauche, Brancusi photographié par Steichen).

sensation de rythme toujours changeant. Selon l'angle de vue, les proportions mêmes du module semblent différentes. Enfin, sa répétition rompue par un élément tronqué ou demi-rhomboïde simule un mouvement vertical « sans fin », dont la perception peut varier : là encore c'est la coupure, l'absence qui figure la continuité.

En projet dans l'atelier dès 1918, une petite *Colonne* annonce le thème sous une forme intermédiaire entre le socle et la sculpture. Elle sera acquise par John Quinn. Toutes les autres colonnes seront finalement installées dans l'atelier, où elles resteront.

En 1926, Brancusi taille une *Colonne sans fin* dans un arbre du jardin d'Edward Steichen, à Voulangis,

En 1927, Steichen retourne aux États-Unis et abandonne sa maison. Man Ray et Brancusi trinquent une dernière fois devant la *Colonne* avant son démontage. Man Ray « assiste, fasciné, à toute l'opération » ; il prend « une bonne photo de la colonne avant qu'elle tombe ». Il décrit l'exploit de Brancusi qui monte sur la *Colonne* et la sciera en deux sans la faire tomber (ci-dessous, au centre, et page 85).

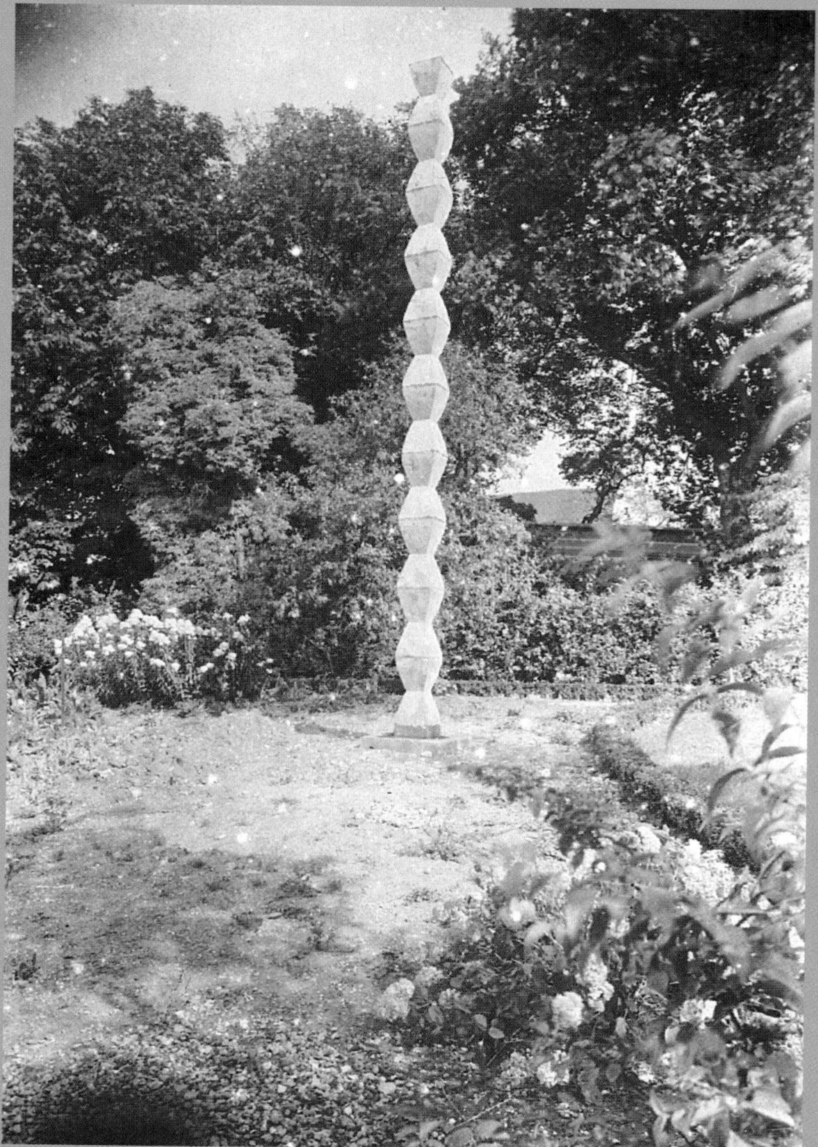

SÉRIES ET VARIATIONS 85

aux environs de Paris. Pour la première fois, le sculpteur installe une œuvre en plein air, dans un lieu qu'il a choisi. La dimension de cette *Colonne* – neuf rhomboïdes et un demi-rhomboïde à la base et au sommet – lui donne l'apparence d'une « expansion » infinie. Haute de plus de sept mètres, elle sera coupée par Brancusi lors du départ de Steichen ; seules deux sections superposées sont conservées.

« Les colonnes étaient deux centimètres trop longues »...

L'une des sections de la *Colonne* de Steichen est présentée, en compagnie de deux autres colonnes d'égale importance et réalisées dans les années vingt, à la Brummer Gallery, à New York, du 17 novembre 1933 au 13 janvier 1934. C'est la quatrième exposition personnelle consacrée à Brancusi et la plus importante jusqu'à cette date. Parmi les cinquante-huit sculptures figurent aussi *Mrs. Eugene Meyer Jr.* (1930-1933), *Le Poisson* (1930), *Léda* (1926), *Le Nouveau-né* (1925).

Brancusi demande à Marcel Duchamp de donner aux *Colonne sans fin* le titre : « Projet de colonnes qui, lorsqu'il sera agrandi, supportera l'arche du firmament ». Ce qui est fait. Hélas, les colonnes ne rentrent pas dans les salles ! Duchamp adresse une lettre au sculpteur, resté à Paris :
« L'exposition est vraiment très belle et les cinquante-huit numéros flottent très facilement dans les trois galeries. […] Comme je te l'ai câblé, tout a été monté par l'ascenseur, sans couper le *Coq*. Les colonnes étaient deux centimètres trop longues pour la galerie à cause d'un manque de nivellement (vieille maison) et nous avons pris la liberté de les raccourcir de deux centimètres en haut. »

Les trois *Colonne sans fin* vont du sol au plafond à l'exposition de la Brummer Gallery en 1933-1934. Une étude d'architecture (à droite), datant des années vingt, montre un curieux chapiteau reliant une colonne et un linteau qui répètent le motif du *Baiser*. La stèle de la *Borne-frontière* (1945, à droite, en bas), qui enserre le couple-colonne entre deux cubes de pierre, gravés du même schéma linéaire, clôt la série du *Baiser* initiée par Brancusi près de quarante ans plus tôt.

Les nombreuses versions de la *Colonne sans fin* témoignent de l'intérêt de Brancusi pour ce thème. Mais en dehors de l'atelier, où elles assurent la scansion verticale de l'espace, et mise à part la brève installation en extérieur, à Voulangis, les *Colonne* ont surtout jusqu'à présent « supporté » le plafond d'une galerie. Elles semblent y être coincées, à en juger par les photographies que Marcel Duchamp envoie fidèlement à son ami avec ses comptes rendus.

À la recherche de monumentalité

Tout au long de sa vie, Brancusi ne cesse de concevoir des projets lui permettant d'agrandir ses sculptures à une très grande échelle et de les ériger dans un environnement choisi par lui. Diverses propositions seront faites mais elles ne seront jamais réalisées. Ainsi, en 1926, lors de son premier séjour à New York, le sculpteur fait part de son souhait de voir dresser une colonne monumentale dans un lieu public. Il confie alors à des journalistes que « s'il avait le pouvoir de satisfaire une ambition, il construirait une de ses colonnes infinies au Central Park. […] Elle serait plus grande qu'un building, trois fois plus haute que votre obélisque à Washington ».

Au milieu des années trente, au moment où il imagine pour le maharadjah d'Indore un Temple de la Délivrance destiné à abriter ses *Oiseau*, Brancusi développe un autre type de colonne promise à l'architecture : *La Colonne du baiser*, surmontée d'un chapiteau festonné de demi-sphères. Le sculpteur la baptise « Partie du projet pour le Temple de l'Amour ». Présentée avec elle à la même exposition de la Brummer Gallery de 1933-1934, un *Oiseau dans l'espace* est intitulé « Projet d'un oiseau qui, agrandi, emplira la voûte du ciel ». L'écrivain roumain Mircea Eliade remarque que le thème de l'axe soutenant la voûte céleste remonte à la préhistoire. « C'est un *axis mundi*, dont on connaît les nombreuses variantes : la colonne *Irminsul* des anciens Germains, les piliers cosmiques des populations nord-asiatiques, la Montagne centrale, l'Arbre cosmique, etc. […] l'axe soutient le ciel et assure à la fois la communication entre Terre et Ciel. »

Un oiseau en acier

Comme pour sa *Colonne sans fin*, Brancusi rêve d'installer en plein air des versions monumentales de *L'Oiseau dans l'espace*. Au milieu des années vingt, il travaille sur le projet d'un « immense Oiseau d'or » pour le parc d'un château, près de Rambouillet, où un couple d'Américains le reçoit en compagnie de Fernand Léger, de Francis Picabia et de Blaise Cendrars.

Entre 1926 et 1928, il étudie la commande d'un très grand *Oiseau* pour la propriété de Charles de Noailles, à Hyères. Malgré le choix d'un matériau plus résistant que le bronze poli, l'acier inoxydable, cet autre projet n'a pas de suite. Est-ce la difficulté de fabrication à une plus grande échelle qui met en cause la solidité de la réalisation ? Mais Brancusi peut aussi décourager toute entreprise par son souci de perfection, par sa volonté affirmée de choisir le lieu d'érection de l'œuvre et de contrôler lui-même toutes les étapes de l'exécution.

Le mémorial de Târgu-Jiu

Un seul projet verra le jour : celui de l'ensemble de Târgu-Jiu, dans la province natale de Brancusi. En 1935, il est sollicité par un groupe de compatriotes désirant ériger un monument en l'honneur des soldats roumains tombés près de la rivière Jiu lors de la Première Guerre mondiale.

Le sculpteur a déjà proposé en 1921, mais sans succès, de réaliser pour son village de Pestisani un mémorial sous forme d'une fontaine. Ce motif peu adapté à la fonction commémorative n'a pas plu. Cette fois-ci, le caractère symbolique et universel de l'art de Brancusi rencontre un accueil favorable. De plus, la commande lui est transmise par une de ses élèves et amies, le sculpteur Militza Patrasco, à laquelle le commanditaire, le comité de la Ligue nationale des femmes roumaines de Gorj, s'est d'abord adressé. L'élève a décliné l'offre en faveur de son ancien maître. La présidente de la Ligue, Mme Tatarescu, accepte et confie à Brancusi l'ensemble des monuments de Târgu-Jiu.

« Imaginez [...] qu'au lieu de tous ces hommes glorifiés que personne ne prend la peine de regarder, [...] l'on s'avisât un jour d'élever sur une place immense *L'Oiseau d'or*, grand et élancé – peut-être jusqu'au ciel – imaginez alors quelle serait la frénésie de toute une foule qui danserait autour. **»**

Brancusi

C'est là qu'une *Colonne sans fin* monumentale sera enfin érigée. Brancusi se rend sur les lieux, choisit et étudie le terrain, puis dessine sur une photographie de l'emplacement prévu une esquisse au crayon, figurant de manière précise la future *Colonne*.

Haute de trente mètres, elle est réalisée module par module, en fonte métallisée de cuivre jaune, avec la collaboration d'un ingénieur, Stefan Georgescu-Gorjan ; de juillet à août 1937, il met au point avec le sculpteur tous les détails techniques et les proportions définitives du modèle.

Dans le même axe, tout près de la rivière, Brancusi fait construire une grande arche, différente des arcs de triomphe élevés de tous temps à la gloire des armées :

" Les mesures sont nuisibles, car elles sont là dans les choses. Elles peuvent monter jusqu'au ciel et descendre par terre sans changer de mesure. "

Brancusi

" Il est signifiant que Brancusi ait retrouvé, dans la *Colonne sans fin*, un motif folklorique roumain, la « Colonne du Ciel » (*columna cerului*), qui prolonge un thème mythologique attesté déjà dans la préhistoire. [...] La conception de l'*axis mundi* en tant que colonne de pierre soutenant le monde reflète très probablement les croyances de cultures mégalithiques. "

Mircea Eliade

c'est le schéma du *Baiser* qui court le long du linteau et qui unit par son double cercle d'yeux soudés les piliers de *La Porte du baiser*. Non loin de là, au bord de l'eau, une *Table du silence*, entourée de tabourets de pierre, élève les formes d'un mobilier modeste, issues de l'univers quotidien de son atelier, à la hauteur du monument et du symbole. L'ensemble est inauguré en grande cérémonie le 26 octobre 1938.

La Porte du baiser donne sur un parc public à quelques centaines de mètres de la *Colonne sans fin*; une allée bordée de tabourets de pierre dessinés par Brancusi mène à la *Table du silence*, située dans le même axe que *La Porte* et la *Colonne*. Si la commande initiale de l'ensemble de Târgu-Jiu le destine à honorer la mémoire des soldats morts au combat, la réalisation de Brancusi est dénuée de toute allusion militaire. *La Porte du baiser* n'est pas un arc de triomphe. Elle ne convie pas le peuple aux cérémonies martiales. Elle célèbre l'amour et la paix universels, dans un lieu de promenade et de méditation.

SÉRIES ET VARIATIONS 91

Les derniers voyages

Les travaux à Târgu-Jiu sont entrecoupés de nombreux séjours. En janvier 1938, Brancusi est à Indore, en Inde, chez le maharadjah Holkar, l'initiateur du Temple de la Délivrance. Mais ce projet ne verra jamais le jour. Sur le chemin du retour, Brancusi fait un court séjour en Égypte. De Suez, il visite Le Caire et les Pyramides : « Leurs proportions pourtant très grandes sont si parfaites qu'elles ne nous écrasent pas. [...] Elles semblent à la fois grandes et petites », raconte-t-il. Son dernier périple le conduit aux États-Unis, en 1939, pour un troisième séjour. Il participe à l'exposition « Art in our Time » qui célèbre le dixième anniversaire du Moma. Il voyage à Philadelphie, Washington et Chicago où il évoque le projet pour cette ville d'un gratte-ciel de quatre cents mètres sur le modèle de la *Colonne sans fin*.

Pendant la guerre, Brancusi vit dans un grand isolement ; sa dernière création, la *Tortue volante* en marbre veiné, est exécutée entre 1941 et 1945, et la dernière version du *Grand Coq* est achevée entre 1949 et 1954. En 1953, James Johnson Sweeney, directeur du musée Guggenheim, fait part à Duchamp de son désir d'organiser une rétrospective de Brancusi. Du 26 octobre 1955 au 8 janvier 1956, cinquante-neuf sculptures, dix dessins et gouaches seront exposés.

Le voyage en Inde est un échec. Brancusi ne saura jamais si ses plans ont déplu au prince, mystérieusement absent à son arrivée. Le sculpteur visite le pays et quitte Bombay le 27 janvier (ci-dessus, à bord du *Biancamano* en février 1938). Le Temple de la Délivrance ne sera jamais réalisé.

Le legs à l'État français

Brancusi obtient la nationalité française le 1er août 1952. La même année, grâce à l'intervention de ses amis, dont Jean Cassou, directeur du Musée national d'Art moderne, la destruction de son atelier de l'impasse Ronsin, liée à l'extension de l'hôpital Necker, est repoussée. En 1956, le sculpteur lègue à l'État la totalité de son atelier, « à charge par l'État français de [le] reconstituer avec absolument tout ce qu'il contient – œuvres, ébauches, établis, outils, meubles ».

12 avril 1956

Testament authentique
de M. Constantin BRANCUSI
- - - - - -

" Je lègue à l'État Français pour le Musée National d'Art Moderne, absolument tout ce que contiendront au jour de mon décès mes ateliers situés à Paris, Impasse Ronsin, numéro 11

" Ce legs est fait à charge par l'État Français de reconstituer de préférence dans les locaux du Musée National d'Art Moderne, un atelier contenant mes oeuvres ébauches, établis, outils, meubles - - - - - - - -

Il manifeste ainsi sa volonté de ne pas séparer son œuvre de son environnement privilégié, l'atelier, dont l'espace et la lumière, entièrement réglés par lui, constituent son ultime création. Brancusi meurt un an plus tard, le 16 mars 1957. Il sera enterré au cimetière du Montparnasse.

Le legs comprendra 144 sculptures et ébauches, plus de 80 socles et meubles, une vingtaine de moules, 35 dessins et gouaches, deux peintures, un fonds exceptionnel de photographies et clichés originaux, une bibliothèque et une importante discothèque de musique folklorique, ethnographique et de jazz.

Parmi les dernières œuvres de Brancusi, se trouvent *Le Phoque* en marbre gris (1943), qui sera acquis par le Musée national d'art moderne de Paris en 1947, et la *Tortue* (1941?-1945, en bas) en marbre blanc, appelée la *Tortue volante*. Regardant le catalogue de l'exposition du musée Guggenheim en 1955, Brancusi s'aperçoit que la *Tortue* est présentée à l'envers : « Voilà que ma tortue vole maintenant. »

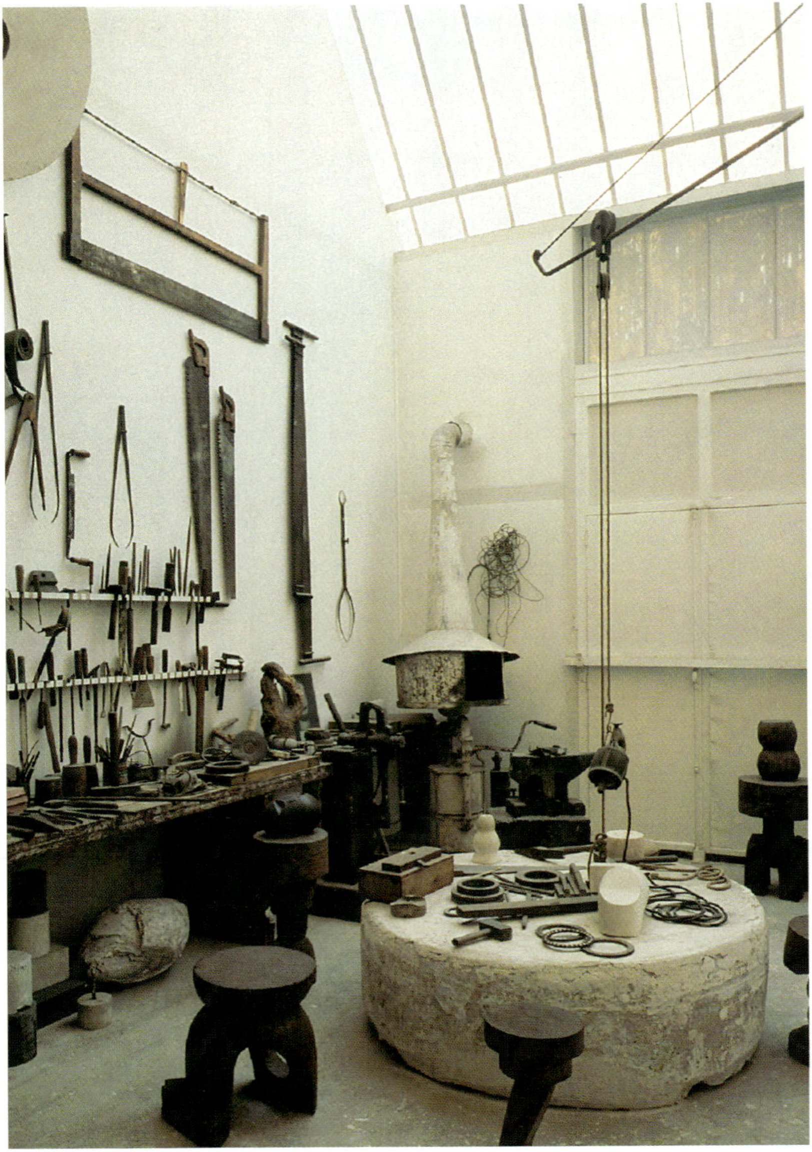

SÉRIES ET VARIATIONS 95

À la fin de sa vie, le sculpteur reçoit de nombreux visiteurs qui témoignent tous du caractère unique de l'atelier. « [Il] ressemble à un paysage de préhistoire : des troncs d'arbre, des blocs de pierre, un four… », écrit Jean Cocteau. Le legs comporte aussi nombre d'outils, de scies égoïnes, ciseaux, limes, râpes, gradines, etc., sans oublier les roulements à billes et la polisseuse électrique, suspendue au plafond par un système ingénieux de poulie coulissante, pour éviter la fatigue du bras (page de gauche).

Après (ou avant) la prise de vue, Brancusi photographie la place même où il pose pour un autoportrait. Brancusi est sorti de l'image, mais ses œuvres sont toujours là, intangibles… (ci-contre).

Reconstituer un atelier

Du vivant de l'artiste, en mars 1956, un premier projet, vite abandonné, prévoit l'installation de l'atelier à Meudon, dans celui de Rodin, le maître admiré à son arrivée à Paris et contre lequel il a développé un art si opposé au sien.

Une première reconstitution incomplète est réalisée au Musée national d'art moderne, au palais de Tokyo, avant d'être transférée dans une réplique fidèle, quant à l'espace et à la lumière d'origine, au pied du Centre Pompidou.

Un réaménagement dans un ensemble architectural renouvelé, réalisé par l'architecte Renzo Piano, coauteur avec Richard Rogers du Centre Pompidou, sera effectué en 1996, selon les plans authentiques de l'atelier de l'impasse Ronsin.

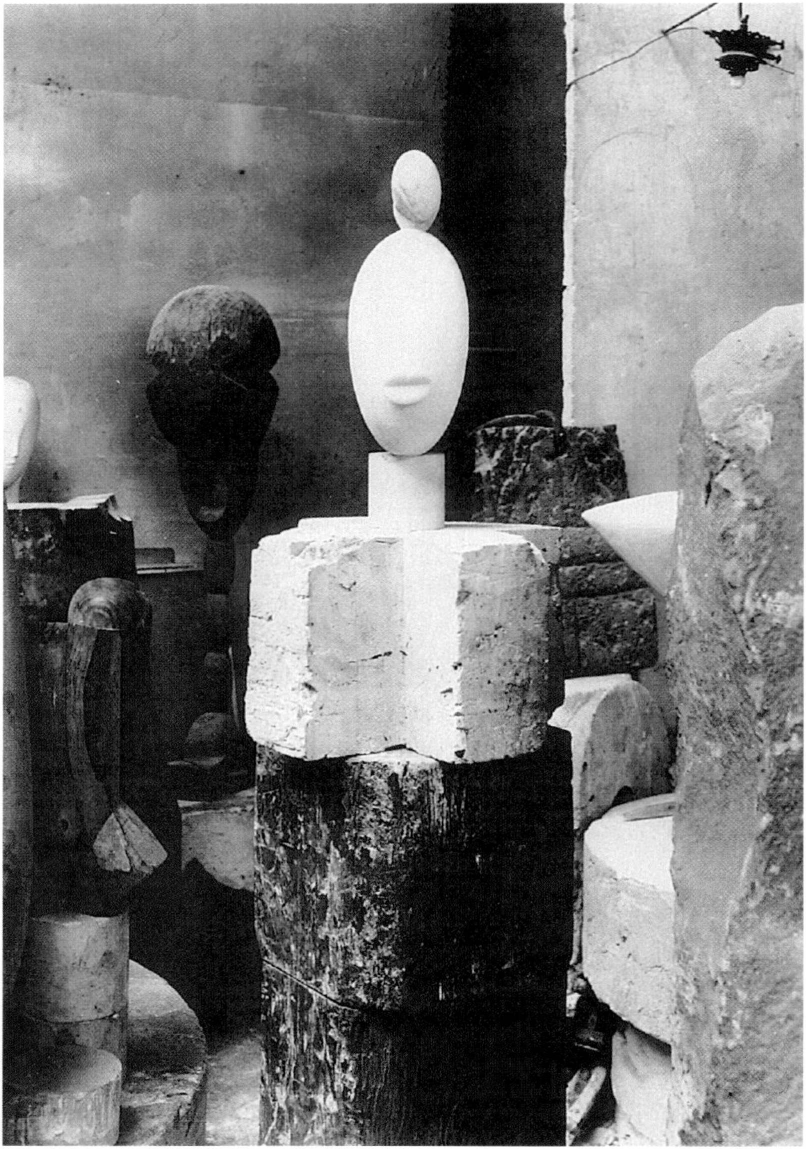

TÉMOIGNAGES ET DOCUMENTS

*ne cherchez pas des formules
obscures ni de mistère
c'est de la joie pure que
je vous donne
regardez les jusqu'a ce que
vous les verrez
les plus près de Dieu les ont
vue*

Brancusi

98
Visites à l'atelier

110
Interprétations d'une œuvre

118
Brancusi, auteur d'aphorismes

120
Muséographie

121
Bibliographie

121
Table des illustrations

125
Index

127
Crédits photographiques

Visites à l'atelier

Dès les années vingt, à la suite du scandale de la Princesse X. et surtout à la fin de sa vie, l'atelier de Brancusi devient le lieu privilégié de présentation de ses œuvres. Au cours d'une mise en scène réglée par le sculpteur dans le moindre détail (éclairage, dévoilement des œuvres normalement protégées par des feutrines, mises en mouvement des sculptures sur des roulements à billes), celui-ci reçoit ses amis, artistes et écrivains, dans les premières salles, organisées comme un véritable petit musée. Brancusi éprouve un malin plaisir à observer leurs réactions et se réjouit à chaque fois qu'ils se laissent entraîner par le parcours préparé à leur intention.

« Cette porte bleue où le nom de Brancusi couronne à la craie le chiffre 7 »

Valentine Hugo (1887-1968) a été l'amie de Cocteau, de Ravel, de Satie, de Man Ray, de Radiguet. Après une jeunesse brillante, elle connaît l'oubli et la « misère dorée » quand, en 1955, elle rencontre Brancusi. Suivront de nombreuses visites, dans une tendre amitié qui dura jusqu'à la mort du sculpteur.

Un jour, il y aura bientôt longtemps, je suis allée enfin, exauçant un désir très ancien et surmontant une timidité bien naturelle, sonner à cette porte bleue où le nom de Brancusi couronne à la craie le chiffre 7. J'allais voir l'ami de mes amis d'autrefois : Erik Satie et Raymond Radiguet qui m'en avaient parlé souvent avec ferveur. Il était devenu pour moi un personnage presque légendaire que j'imaginais mystérieux, farouche, solitaire, travaillant dans un atelier inviolable au milieu d'un jardin féerique, à des œuvres incomparablement belles qu'on ne voyait jamais car elles partaient loin et ne revenaient pas.

Je l'avais entrevu une ou deux fois et je ne connaissais ses œuvres que par des photographies et des récits parus dans des revues.

Erik Satie appelait Brancusi « le frère de Socrate ».

Raymond Radiguet lui écrivait son « admiration » et son « amitié ». Je pense maintenant que leur humour sans indulgence, leur regard malicieux et clairvoyant, leur jugement précis jusqu'à la dureté, une certaine gaieté intérieure, aussi, formaient un parfait lien d'entente. Ce jour-là, après avoir suivi une impasse bordée de garages importants, je suis arrivée dans un reste de jardin abandonné et j'ai trouvé la porte cherchée dans un charmant chemin de campagne tout bruissant de feuilles et d'oiseaux. Cela me paraissait d'autant plus surprenant que j'étais à peine à 50 mètres de l'enfer du vacarme de la ville.

La porte s'ouvrit après une légère attente et j'eus l'impression, annoncée par le son harmonieux et grave d'une cloche invisible, que j'entrais là comme un son balancé, car mon cœur battait très fort et je me trouvai soudain éblouie de clarté dans un lieu inconnu immense et blanc, tout vibrant d'êtres inconnus.

Un homme était devant moi, c'était Brancusi, tout vêtu de ce blanc de travail, ensoleillé, du ton ivoirin des grosses toiles tissées à la main, une barbe de la même couleur encadrait son visage régulier où les yeux souriaient plus que la bouche, et je dis, hors d'haleine : « Voilà, je suis Valentine Hugo, j'ai été l'amie de Satie et de Radiguet, je veux vous voir, vous parler d'eux, je viens voir vos œuvres, depuis longtemps je n'osais pas, voilà, je suis venue. »

Il me fit asseoir à côté de lui près d'une grande table de pierre ronde et basse.

Tout était calme devant moi, au-dessus de moi, entre ces hauts murs blancs de chaux, vers le toit de verre au-dessus duquel le ciel de Paris projetait cette couleur de perle qu'il garde pour ses moments de séduction. Tout était calme et tout semblait vivre autour de moi, tout ce que j'avais vu, figé sur le papier, frémissait et chantait silencieusement. Les « Coqs » blancs s'élançaient comme une gerbe de cris, hérissés d'éclat, les « Colonnes sans fin » montaient sombrement dans l'espace, les « Oiseaux » filaient leur vol dans un élan d'une grâce infinie, et la « Sorcière », la « Caryatide » étaient là, et le grand « Poisson » de marbre gris. J'étais subjuguée par le « Roi des Rois », superbe, qui se dressait près de la belle porte qui est toujours là, gardant le passage dans l'atelier suivant où je sais maintenant que Brancusi se nourrit et se repose.

Dans mon enthousiasme, je souhaitais voir aussi ce que je pressentais dans un atelier de gauche ouvert largement sur celui-ci. Brancusi se leva lentement car il souffrait déjà des douleurs si grandes qui martyrisent les artistes magnifiques qui ont façonné directement le bois, la pierre et le métal sur le pavé des ateliers au sol.

Fauteuil en bois de chêne sculpté par Brancusi, 1922.

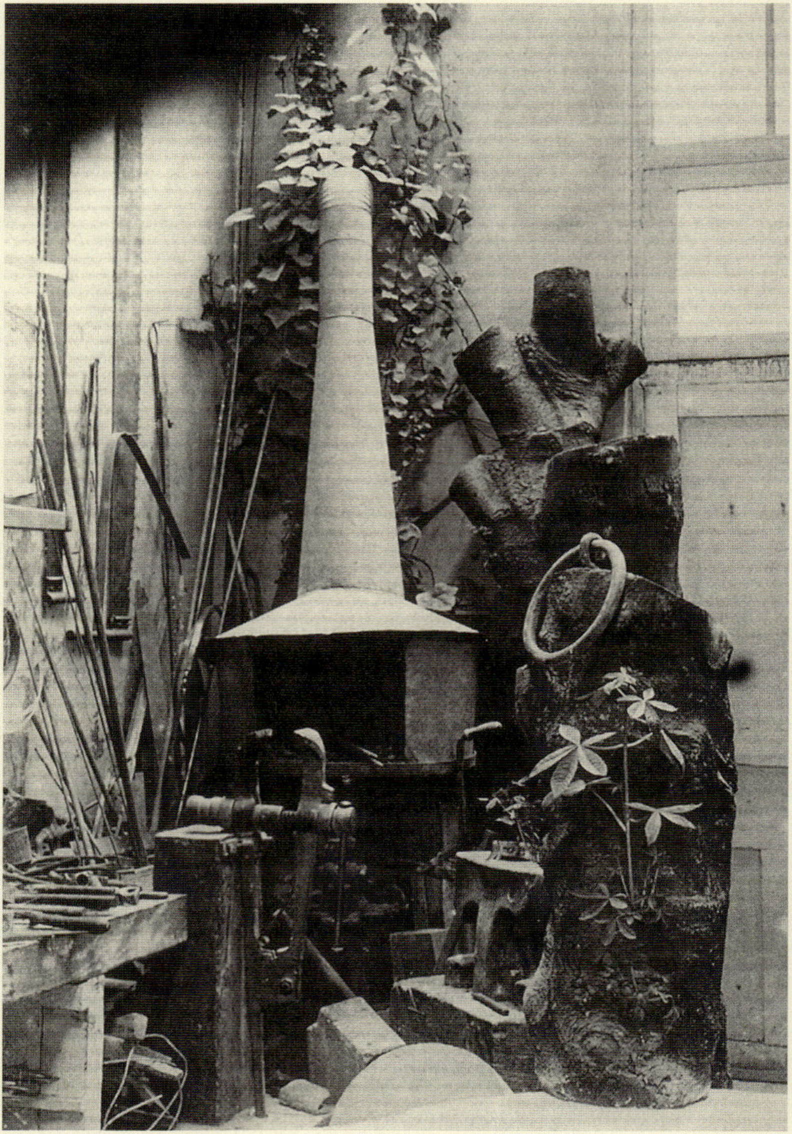

Doucement, d'une main précise, cependant, il délivra de leurs épaisses couvertures, soyeuses comme des cocons, légères comme la plume, tendres comme des fourrures maternelles, les rayonnantes œuvres de bronze poli qui sont ainsi préservées de toute souillure. Je vis alors « Le Nouveau-né » et les « Têtes de femmes » et « L'Oiseau ». Nous passions avec des prudences de félins entre les arbres couchés, debout, et les socles lourds et les blocs de pierre.

Et je vis la « Muse endormie », diaphane. La Léda délivrée, étincelante, se mit à tourner lentement avec sa glace de métal gelé. Et je vis la grande tortue de marbre, prête à s'envoler, emportant son dôme personnel, et la ravissante tortue de bois tendre et si bon que les petites bêtes la dévorent et l'habitent encore.

Et puis nous avons parlé de nos amis. Depuis, notre conversation dure toujours car je suis devenue l'amie de l'ami de mes amis disparus. Il me semble que je ne saurais plus vivre privée de l'atmosphère de calme, de courage, de sagesse, qui règne autour de cet homme singulier né d'une race fière, simple et forte au sud des Alpes de Transylvanie « où pousse l'herbe douce comme la soie ». Il « n'était pas un petit garçon comme les autres ». Il travailla durement, fut capable de tout faire, et refusa la facilité de profiter des recettes du génie : « rien ne pousse sous les arbres », dit-il. Il commença seul l'exécution de son œuvre où il s'affirma vite créateur des formes les plus pures et invulnérables, des formes essentielles comme la naissance et l'aboutissement de la perfection.

L'œuvre de Brancusi est lui-même. Elle est son esprit et son âme. Son esprit si clairvoyant, détaché des ambitions terrestres. Son âme qui est lumière et bonté.

L'œuvre de Brancusi donne une joie sereine, ineffable, comme sa présence, sa parole donne à ceux qu'il aime une calme noblesse, une confiante joie de vivre, un courage toujours renaissant pour supporter les durs tourments de la vie qui devient, ainsi, pure et admirable.

Valentine Hugo,
Les Cahiers d'Art, 1956
© Spadem

Contre la sculpture « bifteck »

L'écrivain Henri-Pierre Roché fait la connaissance de Brancusi entre 1915 et 1917. Il devient son agent auprès de John Quinn et restera l'un de ses fidèles supporters et amis jusqu'à la fin de sa vie. « Si vous voulez que nous restions amis, n'écrivez sur moi que quand je serai mort », disait le sculpteur à Roché.

Jeune, il ressemblait à un renard agile, au poil doux, à l'œil malin ; il était taquin, généreux, il bondissait en arrière s'il n'avait pas tout de suite confiance.

La première œuvre de lui qui me saisit fut l'*Oiseau* pansu. Il sentit mon amour extrême pour les bronzes polis et, comme je ne pouvais alors en acheter, il m'en donna un, une tête d'enfant avec des parties rugueuses. Elle devint un des deux centres de mon chez moi. Elle y faisait scandale. Personne ne l'aimait. Des artistes venaient pour en rire. Certains survivants parmi ces rieurs d'alors n'aimeraient pas être nommés aujourd'hui.

Il est difficile d'imaginer maintenant que *La Princesse X.*, poème de marbre blanc, traduit en bronze poli, pur et fantastique, fut accusé de phallisme total et expulsé du Salon des Indépendants, malgré quelques protestations, le matin du vernissage, parce que : « M. le Ministre

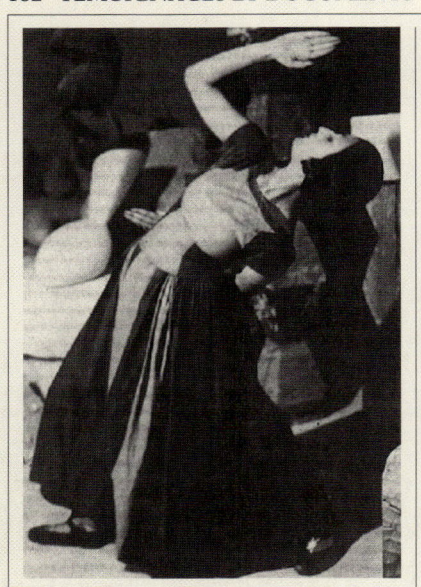

Lizica Codreanu, une amie de Brancusi, dans l'atelier du sculpteur, 1923.

doit venir, et on ne peut tout de même pas lui montrer ça ! »

Brancusi n'avait que de très rares admirateurs, dont le nombre grandissait bien lentement, mais dont un, John Quinn, lui permit soudain de travailler à son gré. Il s'appuyait aussi sur le peuple et il ne fut pas fâché le jour où une grosse mémère lui dit avec conviction, devant un bronze poli : « C'est encore plus beau qu'un casque de pompier. » [...]

Brancusi portait des antennes invisibles. Elles se collaient à la poitrine du visiteur. Brancusi suivait directement sa réaction. Mots, politesses, compliments, rien ne comptait pour lui. Seulement l'effet produit, tout nu, tout cru.

Était-il bon ? Brancusi se nourrissait de l'émotion causée.

Il donnait un bref historique de son art, montrant un paquet de grandes photos de ses œuvres de jeunesse, depuis l'écorché qu'il avait fait pour les écoles des Beaux-Arts de Roumanie, jusqu'à des bustes et torses réalistes qui faisaient venir aux lèvres des visiteurs cultivés les noms de Rodin et de Michel-Ange, ce qui n'enchantait pas du tout Brancusi.

Il rectifiait doucement : « Ceux-là ont fait du bifteck. Moi aussi, toutes ces années-là, j'ai travaillé dans le bifteck, dans les anatomies, les ressemblances, les copies, avec facilité, avec invention, croyais-je.

« Un jour, j'ai eu honte. Et, ayant à représenter un couple uni, pour un monument funéraire, je n'ai rien fait qui ressemblât à ce couple, mais quelque chose qui ressemblait à tous les couples qui se sont aimés et enlacés sur la terre. Et voici ce que j'ai fait... »

Il sortait la photo du couple vertical qui est au cimetière Montparnasse. Deux êtres qui s'étreignent face à face et mêlent à bout portant leurs bouches, bras, mains, yeux, louchant presque.

Si le visiteur sentait la différence entre le *bifteck* et le *non-bifteck* et préférait le second, tout l'atelier lui était ouvert. [...]

Brancusi appréciait les belles femmes et elles l'appréciaient. Il était parfaitement secret. Il compartimentait ses rendez-vous avec ses amis, et avec elles. On ne pouvait faire que des hypothèses.

Il traitait les femmes avec respect, galanterie, gentillesse, indulgence. Il aimait qu'elles lui apportent des fleurs, et elles aimaient le faire. Il y en avait toujours chez lui.

Il avait de grandes amies, très différentes, qu'il recevait avec joie, en de longues et gaies conversations, avec du champagne. À la fin, il était devenu un Sage, souriant et malin, et aussi très sérieux, à sa façon.

Brancusi et Man Ray, années 1920.

Avec sa barbe à volutes et son œil vif, il avait l'air séducteur.

Henri-Pierre Roché, « Souvenir sur Brancusi », *L'Œil*, n° 29, mai 1957

De la sculpture à la photographie

Dès son arrivée à Paris, en 1921, Man Ray fait la connaissance de Brancusi et devient un habitué des joyeuses soirées de l'atelier. C'est lui qui l'initie aux secrets des travaux photographiques...

Un soir, nous dînions avec lui, Duchamp et moi – dîner intime précédant un départ de Duchamp pour les États-Unis. Pour commémorer cet événement, Brancusi installa son appareil de photo dans l'intention de nous photographier tous les trois. Nous nous assîmes sur un tronc, Brancusi tenant la poire attachée par un long tube à l'obturateur de l'appareil qui se trouvait devant nous. Huit jours plus tard, après le départ de Duchamp, Brancusi me tendit quelques exemplaires de la photo, en me demandant de les expédier à notre ami à New York : Brancusi, lui, avait horreur d'aller à la poste. C'était un joli petit instantané. J'étais fier d'y figurer et j'espérais qu'un jour il serait publié. [...]

Il se méfiait plus que jamais des photographies comme des photographes. Il semblait même avoir perdu tout intérêt pour ses propres tentatives, laissant sa chambre obscure en friche, son appareil gisant dans un coin, couvert de poussière – de poussière blanche – et les photos elles-mêmes abandonnées, chiffonnées, déchirées. Quand je lui dis que j'allais introduire un portrait de lui dans un album que je m'apprêtais à publier, il me l'interdit. Son seul portrait authentique, dit-il, serait une image choisie par lui, dans un film qu'on ferait sur lui. [...]

Je lui rendis visite de temps à autre jusqu'aux lendemains de la Seconde Guerre mondiale, avant l'invasion de la France. Nous ne parlions jamais des événements : on n'évoquait jamais la politique dans son atelier. Une fois seulement, quand il fut question de l'entrée à Paris des Allemands, Brancusi coupa court à la conversation en déclarant que, s'il se trouvait vraiment dans le pétrin, il se suiciderait. [...]

Quand Brancusi mourut, j'allai au cimetière, à Montparnasse. Je fis connaissance avec de nombreuses personnes qui suivaient l'enterrement, et jetai un œillet blanc sur la bière avant que celle-ci disparaisse dans le caveau. Une délégation de l'ambassade de Roumanie vint avec une grande couronne. Certains membres du cortège huèrent bruyamment ces représentants de derrière le rideau de fer. C'était très déprimant. Je résolus de ne plus jamais assister à un enterrement.

Man Ray, Autoportrait,
Robert Laffont, Paris, 1964

« Pegitza » se souvient

Dès le début des années trente, Peggy Guggenheim a découvert et fait connaître les artistes de l'avant-garde américaine et européenne.

Depuis des années, sans en avoir financièrement la possibilité, je souhaitais posséder un bronze de Brancusi.

Maintenant cela était à ma portée. Je dus passer des mois à entretenir de bons rapports avec l'artiste avant d'obtenir que la vente soit conclue. Moi qui connaissais Brancusi depuis seize ans, je n'aurais jamais imaginé que tant de difficultés surgiraient entre nous. Il était compliqué de parler prix avec lui, et si l'on s'armait de courage, il lançait un chiffre énorme. J'en étais avertie et espérais que notre grande amitié rendrait les choses plus faciles. En dépit de tout, nous eûmes une discussion terrible quand il avança le chiffre de 4 000 dollars pour son *Oiseau dans l'espace*.

L'atelier de Brancusi était situé dans un *cul-de-sac*. C'était une pièce énorme, remplie de sculptures colossales. On eût dit un cimetière, bien que les œuvres fussent trop importantes pour être placées sur des tombes. Jouxtant la grande pièce, il y en avait une seconde, plus petite. Au milieu se trouvait un four dans lequel il faisait chauffer ses instruments de travail et coulait le bronze. À l'étage, il avait sa chambre, fort modeste. Le tout était recouvert d'une poussière blanche que soulevait son travail.

Brancusi était un merveilleux petit homme à barbe, aux yeux sombres, perçants : un mélange de paysan madré et de génie. Il faisait en sorte que l'on soit heureux en sa présence et c'était un privilège de le connaître. Malheureusement, il devint très possessif, exigeant que je lui consacre tout mon temps. Il m'appelait « Pegitza » et me raconta qu'il appréciait les longs voyages. Il avait accompagné en Inde le maharadjah d'Indore dans les jardins duquel il avait placé trois *Oiseau dans l'espace*, l'un en marbre blanc, l'autre en marbre noir et le troisième en bronze.

[...] Brancusi polissait ses œuvres à la main. De là venait sans doute leur grande beauté. Cet *Oiseau dans l'espace* lui coûta plusieurs semaines de travail. Quand il fut terminé, les Allemands approchaient de Paris et j'allai le chercher avec ma petite voiture pour le faire emballer et expédier aux États-Unis par voie de mer. Des larmes coulaient sur le visage de Brancusi, et j'en fus sincèrement touchée. Je n'ai jamais connu la véritable raison de son émotion mais je suppose qu'elle était due à la séparation d'avec son œuvre préférée.

Peggy Guggenheim,
Ma Vie et mes Folies,
traduit par Jean-Claude Eger,
Plon, Paris, 1987

Portrait anecdotique

À la fin des années cinquante, l'écrivain Eugène Ionesco est curieux de connaître un fameux personnage de Montparnasse, son compatriote.

J'ai connu personnellement Brancusi très tard, dans les toutes dernières années de sa vie chez le peintre Istrati dont l'atelier se trouvait impasse Ronsin juste en face de celui du sculpteur, séparé par une ruelle large d'un mètre.

« Qui est ce Ionesco qui a écrit des pièces de théâtre ? » avait demandé Brancusi à Istrati. « Amenez-le un soir, je veux le connaître. »

Bien entendu, j'admirais depuis longtemps les œuvres du maître. J'avais aussi entendu parler de l'homme. Je savais qu'il était hargneux, pas commode, bougon, presque féroce. Il chassait, en les couvrant d'injures, les marchands ou collectionneurs qui venaient le voir pour lui proposer d'acheter ses sculptures. Il éloignait aussi en les menaçant de son gourdin, les admirateurs sincères et naïfs qui l'importunaient. Il y avait, toutefois, quelques rares privilégiés et privilégiées que Brancusi, ne pouvant vivre toujours absolument seul, accueillait et choyait : ceux-ci ou celles-ci étaient invités à partager ses repas à la fois frustes et raffinés, dans la composition desquels entraient, un extraordinaire yaourt que Brancusi préparait lui-même, du choux aigre cru, des concombres salés, de la polenta et du champagne, par exemple. Parfois, après le dessert, quand il était de très bonne humeur, Brancusi faisait une démonstration de danse du ventre, devant ses hôtesses qui dégustaient le café turc.

J'ai mauvais caractère. C'est, sans doute, la raison pour laquelle je déteste le mauvais caractère des autres. J'ai longuement hésité avant d'aller voir Brancusi : contempler ses œuvres me suffisait, d'autant plus que je connaissais ses théories fondamentales, très souvent dites à ceux qui l'écoutaient, très souvent répétées par ceux-ci. On m'avait fait part de sa détestation, de son mépris pour la sculpture des « biftecks », que l'on appellerait aujourd'hui la sculpture figurative, c'est-à-dire à peu près toute la sculpture connue depuis les Grecs jusqu'à nos jours. Je savais qu'il chérissait cette formule et qu'il adorait aussi la lancer à la tête de quiconque l'écoutait. Le pittoresque de sa personne ne m'attirait pas particulièrement : il ne voulait plus serrer la main à Max Ernst parce que celui-ci, prétendait Brancusi, avait le mauvais œil et qu'il l'aurait fait tomber et se fouler la cheville, en le regardant haineusement. Picasso aussi répugnait à Brancusi car, d'après ce dernier, « Picasso ne faisait pas de la peinture mais de la magie noire ».

Un soir d'hiver, j'étais allé rendre visite à Istrati. Nous étions tranquillement assis autour du poêle lorsque la porte s'ouvrit. Brancusi entra : un petit vieillard de quatre-vingts ans, le gourdin à la main, de blanc vêtu, coiffé d'un haut bonnet de fourrure blanche, une barbe blanche de patriarche et, naturellement, « les yeux pétillants de malice », comme le dit si bien la formule. Il s'assit sur un tabouret, on me présenta. Il fit semblant de n'avoir pas compris mon nom. On le lui répéta, deux ou trois fois. Puis, me montrant du bout de sa canne :

– Qu'est-ce qu'il fait dans la vie ?

– Il est auteur dramatique, répondit Istrati, qui l'avait pourtant bien prévenu.

– Il est quoi ? redemanda Brancusi.

– Il écrit des pièces... des pièces de théâtre !

– Des pièces de théâtre ? s'étonna Brancusi.

Puis, se tournant triomphalement vers moi et me regardant en face :

– Moi, je déteste le théâtre. Je n'ai pas besoin de théâtre. J'emmerde le théâtre !

– Moi aussi, je le déteste et l'emmerde. C'est pour m'en moquer que j'écris du théâtre. C'est bien l'unique raison, lui dis-je.

Il me regarda de son œil de vieux paysan rusé, surpris, incrédule. Il ne trouva pas sur-le-champ une réplique assez offensante. Il revint à la charge au bout de cinq minutes :

– Que pensez-vous de Hitler ? me demanda-t-il.

– Je n'ai pas d'opinion sur la question, répondis-je avec candeur.

– C'était un brave homme ! s'écria-t-il, comme pour me lancer un défi. « Un héros, un incompris, une victime ! »

Puis, il se lança dans un extraordinaire, métaphysique, confus éloge de l'« arianisme ».

Istrati et sa femme étaient atterrés. Je ne bronchai pas. Je savais que, pour irriter ses interlocuteurs, prenant le contre-pied de ce qu'il croyait être leur pensée, il avait, tour à tour, manifesté tantôt sa détestation du nazisme, tantôt celle de la démocratie, du bolchevisme, de l'anticommunisme, de l'esprit scientifique, du modernisme, de l'anti-modernisme et ainsi de suite.

S'imaginant, peut-être, qu'il avait affaire à un admirateur ingénu, avide de la moindre de ses paroles ou bien se rendant compte qu'il ne parviendrait pas à m'exaspérer, Brancusi y renonça. Il se lança dans un discours contre, je m'y attendais, les biftecks ; il raconta des souvenirs, comment il était venu à Paris depuis les bords du Danube en faisant une grande partie du chemin à pied ; il nous parla aussi des « ions », principes de l'énergie cosmique qui traversent l'espace et qu'il disait apercevoir, à l'œil nu, dans les rayons du soleil. Il se tourna vers ma femme, lui reprocha sévèrement de ne pas porter les cheveux assez longs, puis son agressivité se calma. Il fut pris, tout à coup, d'une joie enfantine, son visage se détendit, il se leva, sortit en s'aidant de son bâton, laissa la porte ouverte sur le froid, revint au bout de quelques minutes, une bouteille de champagne à la main : il ne nous en voulait plus, il avait de la sympathie pour nous.

Il me fut donné, par la suite, de revoir Brancusi, quatre ou cinq fois encore avant sa mort. Après avoir été en clinique pour soigner une jambe fracturée, il ne quitta plus son atelier. Il avait un aspirateur, dernier modèle. Mais quand il y avait une femme parmi ses visiteurs, il en profitait pour la prier de balayer son atelier, avec un vrai balai. Il avait le téléphone, sur sa table de chevet, et aussi un sac plein de petits cailloux. Lorsqu'il s'ennuyait trop et désirait bavarder avec son voisin, il prenait une poignée de cailloux, ouvrait sa porte et le jetait contre la porte du voisin pour l'appeler : il ne lui venait pas à l'esprit de téléphoner.

Il était tout près de sa fin, lorsque ma femme et ma fille qui avait onze ans,

allèrent le voir. Il était couché, son bonnet de fourrure sur la tête, le bâton à sa portée. Ma femme est encore très émue au souvenir de cette dernière entrevue. Brancusi, apercevant ma fille, fut pris d'une grande émotion. Il lui fit, moitié par jeu, moitié sincèrement, un discours d'amour. Il la loua de porter de longs cheveux, il vanta ses beaux yeux. Ce vieillard à barbe blanche lui dit, tendrement, la tenant par la main : « Ma petite promise, ma fiancée, je t'attendais depuis toujours, je suis heureux que tu sois venue. Tu vois, je suis tout près du bon Dieu maintenant. Je n'ai qu'à tendre le bras pour l'attraper. »

On aurait pu croire que Brancusi était un artiste primaire, instinctif, rustique. Son œuvre, en même temps élémentaire et subtile, est l'expression d'une pensée artistique (et par là philosophique) infiniment lucide, élaborée, profonde. Son art est l'expression d'une vision créatrice, très intellectualisée. Création avant tout, cependant. Dénué de ce qu'on appelle « la culture » ; à l'écart de ce qui se prend pour « la vie intellectuelle d'une époque » et qui n'est que du journalisme ou son expression livresque, Brancusi était cependant, par ailleurs, incomparablement plus cultivé que les hommes de lettres, les « penseurs », les pions qui accrochent sur leurs poitrines le brevet d'« intellectuel » et n'y comprennent rien, ahuris qu'ils sont par les slogans, simples ou complexes, qu'ils prennent pour des vérités ou pour leurs réflexions personnelles. Brancusi était bien plus fort que tous les docteurs. C'était le connaisseur le plus averti des problèmes de l'art. Il avait assimilé toute l'histoire de la sculpture, l'avait dominée, dépassée, rejetée, retrouvée, purifiée, réinventée. Il en avait dégagé l'essence.

Bien sûr, on est arrivé en ce siècle à redécouvrir l'essence de la peinture. Peut-être y est-on arrivé par approximations successives, par l'élimination, l'une après l'autre, des impuretés, de l'a-pictural. Ce fut un travail issu d'une pensée, plutôt extérieure, de peintres qui étaient à la fois des critiques regardant les œuvres des autres en arrivant à la pureté à force de gommer par l'abstraction sans toujours arriver à saisir la peinture dans son essence, comme Brancusi avait saisi l'essence de la sculpture. Ce fut, en tout cas, pour la peinture, un long chemin bordé d'erreurs, où, souvent, les trouvailles se faisaient par chance, au hasard de la chasse, en essayant, à l'aventure, tantôt une direction, tantôt une autre. Et ce fut, surtout, le résultat des efforts d'une grande quantité de peintres, deux ou trois générations d'artistes, mêlant la précision à l'imprécision.

Il n'y a pas eu d'imprécisions, pas de tâtonnements, chez Brancusi : la progression de son œuvre est d'une sûreté parfaite. C'est en lui-même, et tout seul, qu'il a trouvé ses propres modèles, les archétypes sculpturaux. Il s'est agi chez lui d'une concentration, d'une purification intérieure. Il a aussi regardé au-dehors : non pas des tableaux, non pas des statues, mais des arbres, des enfants, des oiseaux en vol, le ciel ou l'eau.

Il a su saisir l'idée du mouvement en écartant tout réalisme particulier au profit d'un réel universel. Son art est vrai ; le réalisme peut ne pas l'être ; sûrement, il l'est moins. Mais c'est bien sa propre pensée, son expérience personnelle qui fut l'école de Brancusi, non pas les ateliers des maîtres : les autres ne l'ont pas aidé. Il devait beaucoup se méfier des autres.

On a parlé de Brancusi comme de l'un des créateurs d'une sculpture non figurative, Brancusi prétendait ne pas être non figuratif. En effet, il ne l'était pas. Ses œuvres sont des figures essentielles, les images concrètes d'idées, l'expression d'un réel universel anti-abstrait. Rien de plus concret que son oiseau en vol, forme dynamique palpable du dynamisme. Rodin a pu exprimer le mouvement en donnant, à tel corps, à ses membres, les attitudes suggestives d'un déploiement dans l'espace. Cela était encore lié au particulier. Brancusi s'est dégagé de tout particularisme, comme il s'est aussi dégagé de tout psychologisme pour atteindre les essences concrètes.

Une direction importante de la peinture non figurative arrive à exprimer le tempérament du peintre, son individualité, son pathétisme, sa subjectivité. On peut donc distinguer un tableau d'un autre, d'après l'angoisse particulière à celui qui l'a peint, angoisse qui est devenue le langage même du peintre. L'œuvre de Brancusi exprime uniquement des idées et des formes sculpturales. Nous savons que la poésie de Mallarmé ou de Valéry était une réflexion sur la poésie. En grande partie, la sculpture de Brancusi est aussi une réflexion sur la sculpture ; en même temps, une méthode purement sculpturale de penser le monde, traduit en formes et lignes de forces vivantes.

Anti-psychologique, l'art de Brancusi est d'une subjectivité absolue : il exprime des évidences que l'on ne peut pas ne pas admettre, des évidences sculpturales au-delà de l'allégorie. La volonté de ne pas céder à la tentation de la sentimentalité est apparue, très vite chez Brancusi, aussi bien que son dégoût de l'anecdote ou de l'interprétation. Je comprends qu'il ne pouvait pas aimer le théâtre.

Dans ses toutes premières œuvres, la tête de Laocoon, par exemple, c'est surtout l'exactitude des détails qui le préoccupe plutôt que l'expression de la douleur, qui n'en ressort pas moins, mais indirectement ; dans son « nu » d'un homme (étude pour le concours du diplôme final des Beaux-Arts), son « réalisme » est tellement poussé qu'il en paraît inhumain, par son indifférence totale pour la psychologie du personnage sculptural ; même chose pour l'*Écorché* où n'apparaît que son souci de la connaissance du corps poursuivie avec une sorte de cruauté objective à peine ironique.

Dès 1907 (dans sa prière) ce qui reste d'affectif disparaît grâce à la stylisation, un peu byzantine qui transpose, intègre la sentimentalité. Vu rapidement, l'*Œuf* ressemble assez au *Nouveau-né* dans ses langes. À partir de 1910, l'*Oiseau Magique* a, depuis longtemps dépassé, dans le merveilleux, l'oiseau réaliste, non miraculeux ; on peut se rendre compte, peut-être, encore, en suivant les étapes de sa simplification, que l'*Œuf* a pour point de départ le nouveau-né ; on peut suivre encore les stylisations des différentes *Mademoiselle Pogany* pour arriver à l'étape ultime qui est une hardie, féerique transfiguration. Mais, bientôt, dans la mesure où le style est, malgré tout, anecdote, Brancusi aura dépassé la stylisation pour aboutir à un langage au-delà du langage, au-delà du style même. Et tout aura été un jaillissement des sources profondes de son être, une série de révélations continuelles extra-conscientes, saisies par une lucidité, une conscience, une exactitude, une puissance intellectuelle qui font que Brancusi est le contraire d'un douanier Rousseau. À contempler, dans sa pureté, l'*Oiseau dans l'espace*, nous sommes étonnés de l'acuité de la vision sculpturale ; nous nous étonnons de sa simplicité et nous nous étonnons aussi de ce que nous n'avons pas pu voir ce qui est l'évidence même.

Bien surprenantes, incroyables, ces synthèses : folklore sans pittoresque, réalité anti-réaliste ; figures au-delà du figuratif ; science et mystère ; dynamisme dans la pétrification ; idée devenue concrète, faite matière, essence visible ; intuition originale, par-delà la culture, l'académie, les musées.

Ionesco,
Notes et Contre-notes,
Gallimard, Paris, 1962

Interprétations d'une œuvre

De son vivant, Brancusi a pu voir son œuvre présentée dans des ouvrages généraux sur la sculpture ou sur l'avant-garde européenne. Sa sculpture fut reconnue très tôt aux États-Unis, où plusieurs galeries lui organisèrent des expositions personnelles. Écrivains, critiques d'art et artistes ont commenté sa sculpture en la mettant en relation avec la création contemporaine.

Témoignage d'Ezra Pound : le regard d'un poète

Ezra Pound a publié le premier article important sur Brancusi dans Little Review *en 1921. Il a aussi eu l'intention d'écrire un livre, intention à moitié réalisée par la publication d'un texte sous forme d'un petit livre édité en italien à Milan en 1957.*

Brancusi, quand il s'exprime clairement, est tout à fait précis : il affirme que « l'art n'est pas une crise de nerfs » ; que « la beauté n'a rien à voir avec les grimaces et les gestes fortuits » ; qu'à partir d'un idéal de forme, on arrive à une exactitude des proportions quasi mathématique, mais non par le truchement des mathématiques.

C'est avant tout un homme qui aime la perfection. Dante croyait à « la mélodie qui encercle l'âme et se concentre en elle » ; j'ai exprimé ailleurs l'idée d'un rythme absolu, ou de sa possibilité. Peut-être tout artiste arrive-t-il à croire, un jour ou l'autre, à une sorte d'élixir ou de pierre philosophale que produit la toute simple perfection de son art grâce à la sublimation alchimique du moyen.

Là où Gaudier avait développé une sorte de « forme de fugue » ou de « forme de sonate » par une combinaison de formes, Brancusi a choisi une tâche terriblement plus difficile : assembler toutes les formes en une seule. C'est quelque chose qui exige autant de temps que la contemplation de l'univers chez n'importe quel bouddhiste, ou la contemplation de l'amour divin chez n'importe quel saint médiéval – quelque chose qui exige autant de temps que l'étude des remarques finales de la *Divine Comédie*, et qui est aussi paradoxal qu'elles. C'est une recherche

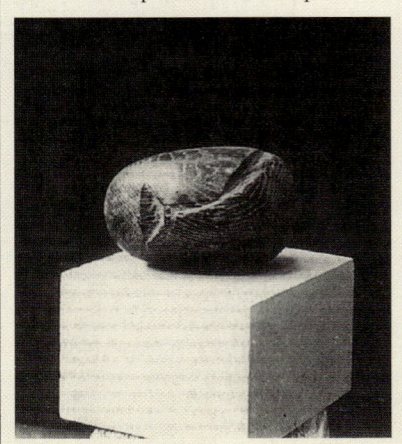

Tête d'enfant, vers 1915.

commencée dans la facilité et qui
n'en finit pas, dont le résultat est, par
exemple, l'*Oiseau*. Il y a peut-être six
mois de travail et le savoir de vingt
années entre un modèle de l'oiseau
debout et tel autre, bien que les
photographies ne révèlent aucune
différence…

Je ne sais à l'aide de quelle périphrase
je dois assurer un lien entre les ovoïdes
et les autres sculptures de Brancusi.
Contentons-nous d'une étiquette
provisoire, et disons qu'on peut
considérer les ovoïdes comme les clefs
qui nous permettent d'accéder au
monde des formes – non pas à « son »
monde des formes, mais à ce qu'il a
grignoté de « ce » monde des formes.
Ces ovoïdes contiennent ou suggèrent
(ou devraient contenir ou suggérer)
le triangle et le cercle. […]

La révolte de Brancusi contre
l'emphatique et le colossal l'a amené à
se révolter contre le monumental ou, à
ce qu'il semble en ce moment, contre un
genre défini de « solidité ». La recherche
de l'aérien a conduit à cet *Oiseau* qui
se tient sur son socle rétréci de telle
manière que le socle ne le supporte pas.
(Les meilleurs des tailleurs de jade et
des fabricants de *netsuké* produisent
de minuscules objets qui assurent leur
équilibre, de même, avec des supports
extrêmement réduits.) Si je dis que la
forme idéale de Brancusi doit offrir un
égal intérêt considérée sous n'importe
quel angle, je ne suggère pas que l'on
doive faire tenir le temple idéal sur son
extrémité ; mais je suggère que cette
idée implique probablement un rejet de
toute combinaison de proportions qui
n'apparaît pas comme belle, même si,
dans le cas du temple, un tremblement
de terre devait soudainement le dresser,
ou le retourner comme une tortue.

La grande patère égyptienne, en

Vue d'atelier, *Oiseau dans l'espace*, vers 1923.

pierre noire, du British Museum est
peut-être plus intéressante que les
statues de Memnon. Dans le cas de
l'ovoïde, je considère que Brancusi
médite sur la forme pure dégagée de
toute pesanteur ; forme aussi pure, dans
sa vie propre, que celle de la géométrie
analytique ; et le succès de Brancusi,
dans cette expérience (encore non
terminée et probablement interminable)
se mesure à ceci que, considéré sous un
certain nombre d'angles, l'ovoïde se met
vraiment à vivre et semble vraiment prêt
à se soulever (ce que je dis est peut-être

simplement anecdotique, comme il arrive souvent). Je ne veux pas dire que tout sculpteur devrait se donner comme tâche la création d'ovoïdes abstraits : nul autre bien sûr, qu'un génie pleinement concentré dans son art et plus ou moins « oriental », pourrait supporter la contrainte d'un tel effort. Mais si nous devons connaître quelque jour une sculpture ou une architecture supportable, il est temps que les jeunes sculpteurs commencent par se dévouer à quelque tâche semblable plutôt que d'illustrer l'idée d'un nouveau *Laocoon* ou un *Triomphe du Travail sur le Commerce*. En tout cas, Brancusi passe la plus grande partie de son temps dans son studio, dans la tranquillité que lui offrent ses propres créations, tandis que l'auteur de cet exposé imparfait ne peut que se débattre dans un monde qui lui propose des rebuts, un monde plein de décorations plus qu'idiotes, un monde où l'on fabrique des tableaux pour les musées, où personne ne possède une porte qu'il puisse supporter de regarder, où l'on construit chaque année des maisons chaque année plus hideuses ; où le sentiment de la forme y devrait être aussi répandu que le sentiment de la fraîcheur après un bain, où celui de l'eau par temps de sécheresse (n'importe quel autre plaisir animal) est la propriété d'une « aristocratie intellectuelle ».

Ezra Pound, *The Little Review*, 1921, traduit par Yves Berger, *Cahiers du Musée de poche*, 1959

Un « art de simplifications abstraites »

Fondateur et directeur du Musée national d'Art moderne, Jean Cassou, a acheté les premières œuvres de Brancusi en 1947. Grâce à ses relations personnelles avec le sculpteur, celui-ci a légué son atelier avec tout ce qu'il contenait à l'État français.

Le sculpteur roumain Brancusi est dans son atelier, pareil à ce vieux chanteur hoffmannien qui construisait de troublants automates. Les créatures nées de son artificieux génie se meuvent lentement sur des socles animés d'un secret mouvement d'horlogerie. Elles tournent sous nos yeux inquiets dessinant leurs formes sous un aspect sans cesse changeant et manifestant une vie magique aux confins de la matière et de l'imagination. Ce sont des animaux étranges, des schémas d'animaux, des idées d'animaux, plus vivants et plus séduisants que les animaux vrais : ce sont des bêtes spirituelles.

La Roumanie, pays neuf et que les préjugés et les académies n'écrasent point, n'a pas hésité à commander à Brancusi des monuments et à placer ceux-ci en plein air et en pleine lumière, sur les places publiques, les routes, dans les allées des jardins, à l'orée des forêts. La Roumanie est un pays neuf et jeune. C'est aussi un vieux pays. Mais dans l'entre-deux rien ne l'a abîmée, ankylosée. Elle fait tout naturellement le joint entre les inventions les plus modernes de son présent et un passé légendaire et mythique qui, pour elle, garde sa fraîcheur. Elle a toujours son âme populaire : aussi les plus audacieuses spéculations de l'art présent ne l'effraient-elles point. Et les blocs et les portes de Brancusi, témoignages de l'École de Paris, se trouvent à l'aise dans le mystère de ses villages et de ses campagnes.

L'art de Brancusi a participé aux plus curieuses recherches de Montparnasse. Il est voisin de l'art de Laurens, de Lipchitz, de Zadkine, de tant d'autres. C'est un art de simplifications abstraites, hardiment primitif, ingénument pur et savant, et l'un des plus riches et des plus parfaits qu'ait produits notre grande révolution plastique. Mais il est en même temps animé par de profondes énergies poétiques propres à la singularité personnelle de Brancusi, à son tempérament individuel, à celui de sa nation. Il porte en lui ses sources, qui sont lointaines, cachées et vives. Et quelque part qu'y ait prise la spéculation intellectuelle, on y décèle aussi un rêve, un sentiment et un charme, sinon une sorcellerie.

L'otarie, née d'une prodigieuse pierre bleue, tend de toutes ses forces son ample et longue sinuosité que brise un plan net où se signifie l'appel de la bouche ouverte. Tous ses frères, toutes ses sœurs, enfants du Paradis terrestre, sont réduits, de la même sorte, au jet essentiel de leur vouloir vivre. Dans ce monde nous sommes au creux de la création, au plus secret du four alchimique, près de l'œuf initial, du germe, du premier souffle. Les matières trop grenues, trop rugueuses, trop gonflées et veinées d'accidents, trop concrètes, trop naturelles, trop matérielles, ne conviennent pas à d'aussi subtiles incarnations, saisies à leur naissance, dans leur prime éveil spirituel. Il y faut les plus précieux des marbres, ou l'or d'un métal lisse et froid. La sculpture de Brancusi est un dessin, une épure. Elle est ligne, cercle et ovale, perfection à quoi l'esprit n'a rien à redire, qui, au contraire, le comble. Et comme le « blanc vol fermé » de l'éventail mallarméen, elle rassemble et exalte en une haute et longue ligne extasiée toute l'âme de l'oiseau.

Jean Cassou,
Cahiers France-Roumanie,
juin-juillet 1946

Brancusi et les mythologies

Mircea Eliade situe l'héritage roumain de Brancusi dans une perspective universelle.

Tout en lisant les pièces du dossier, je regardais les photographies reproduites par Ionel Jianou dans sa monographie (Arted, Paris, 1963) : Brancusi dans son atelier impasse Ronsin, son lit, son poêle. Il est difficile de ne pas reconnaître le « style » d'une habitation paysanne, et pourtant il s'agit de quelque chose de plus ; c'est la *demeure* de Brancusi, c'est son « monde » à lui, qu'il s'était forgé tout seul, de ses propres mains, pourrait-on dire. Ce n'est pas la réplique d'un modèle préexistant, « maison de paysan roumain » ou « atelier d'un artiste parisien d'avant-garde ».

Et puis, il suffit de bien regarder le poêle. Non seulement parce que la nécessité d'avoir un poêle paysan nous en dit long sur le style de vie que Brancusi avait choisi de conserver à Paris. Mais aussi parce que le symbolisme du poêle ou du foyer est susceptible d'illuminer certain secret du génie de Brancusi.

Il y a, en effet, ce fait – paradoxal pour nombre de critiques – que Brancusi semble avoir retrouvé la source d'inspiration « roumaine » après sa rencontre avec certaines créations artistiques « primitives » et archaïques. [...]

Pour revenir à notre propos, même si l'on accepte le point de vue de Sidney Geist, et notamment que l'influence exercée par l'École de Paris a été décisive dans la formation de Brancusi, tandis que « l'influence de l'art populaire roumain est inexistante », il reste que les chefs-d'œuvre de Brancusi sont solidaires de l'univers des formes plastiques et de la mythologie populaire roumaine, et portent même parfois des noms roumains (la *Maïastra* par exemple). Autrement dit, les « influences » auraient suscité une sorte d'anamnèse, conduisant forcément à une auto-découverte. La rencontre avec les

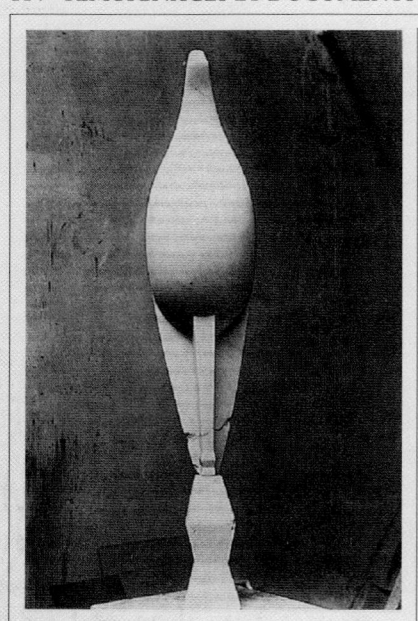

Maïastra, 1915-1918.

créations de l'avant-garde parisienne ou du monde archaïque (l'Afrique) aurait déclenché un mouvement d'« intériorisation », de retour vers un monde secret et inoubliable, puisque à la fois monde de l'enfance et de l'imaginaire.

Peut-être serait-ce *après* avoir compris l'importance de certaines créations modernes que Brancusi aurait redécouvert la richesse artistique de sa propre tradition paysanne, qu'il aurait pressenti, en somme, les possibilités créatrices de cette tradition. Ceci ne veut en tout cas pas dire que, depuis cette découverte, Brancusi se soit mis à faire de l'« art populaire roumain ». Il n'a pas imité les formes déjà existantes, il n'a pas copié « le folklore ». Au contraire, il a compris que la source de toutes ces formes archaïques – celles de l'art populaire de son pays aussi bien que celles de la protohistoire balkanique et méditerranéenne, de l'art « primitif » africain ou océanien – était très profondément enfouie dans le passé ; et il a également compris que cette source primordiale n'avait rien à voir avec l'histoire « classique » de la sculpture, dans laquelle il s'était trouvé situé, comme d'ailleurs tous ses contemporains, pendant sa jeunesse à Bucarest, à Munich ou à Paris.

Le génie de Brancusi tient au fait qu'il a su où chercher la véritable « source » des formes qu'il se sentait capable de créer. Au lieu de reproduire les univers plastiques de l'art populaire roumain ou africain, il s'est appliqué, pour ainsi dire, à « intérioriser » sa propre expérience vitale. Il a donc réussi à retrouver la « présence-au-monde » spécifique de l'homme archaïque, fût-il un chasseur du paléolithique inférieur ou un agriculteur du néolithique méditerranéen, carpatho-danubien ou africain. Si l'on a pu voir, dans l'œuvre de Brancusi, non seulement une solidarité structurelle et morphologique avec l'art populaire roumain, mais aussi des analogies avec l'art nègre ou la statuaire de la préhistoire méditerranéenne et balkanique, c'est parce que tous ces univers plastiques sont culturellement homologables : leurs « sources » se trouvent dans le paléolithique inférieur et le néolithique. Autrement dit, grâce au processus d'« intériorisation » auquel nous faisons allusion et à l'anamnèse qui s'ensuivit, Brancusi a réussi à « voir le monde » comme les auteurs des chefs-d'œuvre préhistoriques, ethnologiques ou folkloriques. Il a retrouvé, en quelque sorte, la « présence-au-monde » qui permettait à ces artistes inconnus de créer leur propre univers plastique dans un espace qui n'avait rien à voir, par exemple, avec l'espace de l'art grec « classique ».

Nous ne saurons jamais dans quel univers imaginaire se mouvait Brancusi pendant son long travail de polissage. Mais cette intimité prolongée avec la pierre encourageait, certes, les « rêveries de la matière » brillamment analysées par G. Bachelard. C'était une sorte d'immersion dans un monde des profondeurs dans lequel la pierre, la « matière » par excellence, se révélait mystérieuse, puisqu'elle incorporait la sacralité, la force, la chance. En découvrant la « matière » en tant que source et lieu d'épiphanies et de significations religieuses, Brancusi a pu retrouver, ou deviner, les émotions et l'inspiration d'un artiste des temps archaïques.

L'« intériorisation » et l'« immersion » dans les profondeurs faisaient d'ailleurs partie du *Zeitgeist* du début du XXe siècle. Freud venait de mettre au point la technique d'exploration des profondeurs de l'inconscient ; Jung croyait pouvoir descendre encore plus profondément, dans ce qu'il appelait l'inconscient collectif ; le spéléologue Émile Racovitza était en train d'identifier, dans la faune des cavernes, des « fossiles vivants » d'autant plus précieux que ces formes organiques n'étaient pas fossilisables ; Levy-Bruhl isolait dans la « mentalité primitive » une phase archaïque, prélogique, de la pensée humaine. […]

Il est significatif que Brancusi ait retrouvé, dans la *Colonne sans fin*, un motif folklorique roumain, la « Colonne du Ciel » (*columna cerului*), qui prolonge un thème mythologique attesté déjà dans la préhistoire et qui, en outre, est assez répandu à travers le monde. La « Colonne du Ciel » soutient la voûte céleste ; en d'autres termes, c'est un *axis*

L'« Enfant au monde, groupe mobile », 1917.

mundi, dont on connaît les nombreuses variantes : la colonne *Irminsul* des anciens Germains, les piliers cosmiques des populations nord-asiatiques, la Montagne centrale, l'Arbre cosmique, etc. Le symbolisme de l'*axis mundi* est complexe : l'axe soutient le Ciel et assure à la fois la communication entre Terre et Ciel. Auprès d'un *axis mundi*, censé se trouver au Centre du Monde, l'homme peut communiquer avec les puissances célestes. La conception de l'*axis mundi* en tant que colonne de pierre soutenant le monde reflète très probablement les croyances caractéristiques des cultures mégalithiques (IVe-IIIe millénaires av. J.-C.). Mais le symbolisme et la mythologie de la colonne céleste se sont répandus au-delà des frontières de la culture mégalithique. Dans le folklore

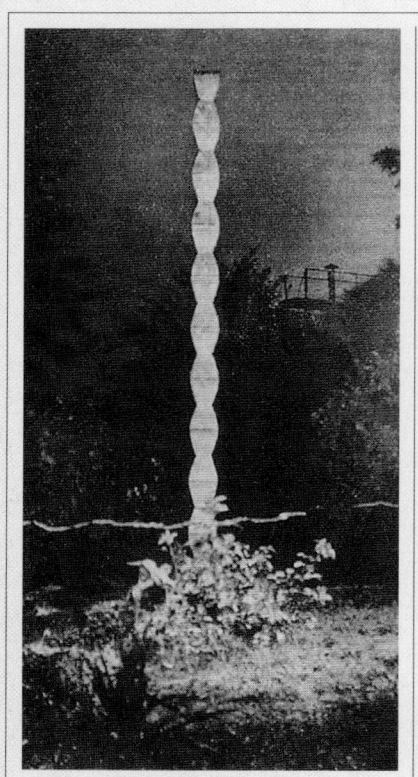

La *Colonne sans fin* dans le jardin de Steichen, vers 1926.

Il est remarquable que Brancusi n'ait pas choisi la « forme pure » de la colonne – qui ne pouvait signifier que le « support », l'« étai » du Ciel – mais une forme rhomboïdale indéfiniment répétée qui la rapproche d'un arbre ou d'un pilier pourvu d'entailles. Autrement dit, Brancusi a mis en évidence le symbolisme de l'ascension, car, en imagination, on a envie de grimper le long de cet « arbre céleste » Ionel Jianou rappelle que les formes rhomboïdales « représentent un motif décoratif emprunté aux piliers de l'architecture paysanne ». Or, le symbolisme du pilier des demeures paysannes dépend, lui aussi, du « champ symbolique » de l'axis mundi. Dans nombre d'habitations archaïques, le pilier central sert en fait de moyen de communication avec le ciel.

Ce n'est plus l'ascension vers le Ciel des cosmologies archaïques et primitives qui hante Brancusi, mais l'envol dans un espace infini. Il appelle sa colonne « sans fin ». Non seulement parce qu'une telle colonne ne pourrait jamais être achevée, mais surtout parce qu'elle s'élance dans un espace qui ne peut avoir de limites puisqu'il est fondé sur l'expérience extatique de la liberté absolue. C'est le même espace dans lequel s'envolent les *Oiseaux*. De l'ancien symbolisme de la Colonne du Ciel, Brancusi n'a retenu que l'élément central : l'ascension en tant que transcendance de la condition humaine. Mais il a réussi à révéler à ses contemporains qu'il s'agit d'une ascension extatique, dépourvue de tout caractère « mystique ». Il suffit de se laisser « porter » par la puissance de l'œuvre pour recouvrer la béatitude oubliée d'une existence délivrée de tout système de conditionnements. [...]

Il est significatif que Brancusi ait été obsédé toute sa vie par ce qu'il appelait l'« essence du vol ». Mais il est

roumain en tout cas, la Colonne du Ciel représente une croyance archaïque, préchrétienne, mais qui a été assez vite christianisée, puisqu'elle se retrouve dans les chansons rituelles de Noël (*colinde*). Brancusi aura sans aucun doute entendu parler de la Colonne du Ciel dans son village natal ou dans la bergerie des Carpathes où il a fait son apprentissage de pâtre. L'image l'a certainement obsédé car, comme nous allons le voir, elle s'intégrait dans le symbolisme de l'ascension, du vol, de la transcendance.

extraordinaire qu'il ait réussi à exprimer l'élan ascensionnel en utilisant l'archétype même de la pesanteur, la « matière » par excellence, la pierre. On pourrait presque dire qu'il a opéré une transmutation de la « matière », plus précisément qu'il a effectué une *coincidentia oppositorum,* car dans le même objet coïncident la « matière » et le « vol », la pesanteur et sa négation.

Mircea Eliade, juin 1967, université de Chicago, *in* Ionel Jianou, *Brancusi, témoignages,* Paris, Arted, 1982

Adieu à Brancusi

Paul Morand rend un dernier hommage au sculpteur qui vient de mourir.

Brancusi, nos dîners dans son atelier de Montparnasse, printemps de ma vie… Là, nous nous retrouvions souvent le soir, Radiguet et moi : du vin rouge sur un billot. Brancusi faisait lui-même la grillade. Cet artisan savait traiter toutes matières, non seulement la viande saignante, mais le grès dur, le métal, le cœur du buis. D'un air traînant, hésitant de paroles, cette sentinelle avancée osait tout. Il était resté le paysan de Gorj, qui n'a rien vu et que rien n'étonne ; donnant son coup de hache sans hâte, avec certitude. Je me sentais si bien entre ces deux taciturnes, l'enfant et l'homme mûr, qui ne commençaient à rire que tard dans la soirée. Autour de nous, c'était le Paris à la mode, le Paris officiel, les dîners qui ne sont qu'un jeu de combinaisons en vue de résultats ; dans l'atelier, il ne se passait rien ; deux artistes saisis par l'amour de leur art, avares de paroles, immobiles comme des rochers, plus trapus que des pylônes, le regard lourd, puissants de base, romans. Et, chez Brancusi, du byzantin le plus intact (et non pas cet éloignement total de la nature qu'on nomme à tort Byzance), celui de Curtéa de Arges. Sculpteur sans praticiens ni metteurs au point, travaillant seul dans sa carrière de pierres, polissant son métal comme un affineur. On souhaitait à cette âme noble les métaux les plus nobles, le cobalt ou le molybdène.

Paul Morand,
Arts, 20-26 mars 1957, Paris

Ce discours fut prononcé par Georges A. Salles, alors directeur des Musées de France, devant le cercueil de Brancusi, dans l'église roumaine de la rue Jean-de-Beauvais, le 19 mars 1957.

Puisque jamais plus nous n'entendrons votre voix chantante qui s'envolait de votre barbe pour nous mener au pays des légendes
Puisque jamais plus nous ne verrons votre petit œil luisant, pétillant de malice et qui semblait rire de ce qu'il voyait et que, nous, nous ne pouvions pas voir
Puisque jamais plus nous ne connaîtrons votre accueil dans cet atelier où vous nous apparaissiez comme un vieux pâtre homérique parmi son fabuleux troupeau
    Je vous dis Adieu
        un adieu désolé
au nom de vos amis
au nom de ceux qui vous ont admiré et chéri
au nom de ceux que vous avez enchantés
au nom de ceux qui savent qu'avec vous meurt un vrai poète et se referme, désormais inerte, une main divine
      je vous dis adieu
mais vos œuvres restent, hautes, pures, lumineuses, plus que jamais elles sont aujourd'hui vivantes
Et elles, jamais, ne cesseront de vivre

Georges A. Salles, *in* Suzanne de Coninck, *Hommage de la sculpture à Brancusi,* Paris, éd. de Beaune, 1957

Brancusi, auteur d'aphorismes

Brancusi n'a pas laissé d'œuvre écrite. Mais il a toujours noté ses réflexions sur les événements importants de sa vie et sur sa propre création. Ses premiers aphorismes ont été publiés par la Brummer Gallery de New York à l'occasion de ses deux grandes expositions personnelles, en 1926 et 1933-1934. Après sa disparition, amis et exégètes ont réuni d'autres textes qui lui sont attribués.

Le beau, c'est l'équité absolue.

Les choses ne sont pas difficiles à faire, ce qui est difficile, c'est de nous mettre en état de les faire.

Quand nous ne sommes plus des enfants, nous sommes déjà morts.

Les théories sont des échantillons sans valeurs. Ce n'est que l'action qui compte.

Les hommes nus dans la plastique ne sont pas si beaux que les crapauds.

La taille directe, c'est le vrai chemin vers la sculpture, mais aussi le plus mauvais pour ceux qui ne savent pas marcher. Et à la fin, taille directe ou indirecte, cela ne veut rien dire, c'est la chose faite qui compte.

Le poli, c'est une nécessité que demandent les formes relativement absolues de certaines matières. Il n'est pas obligatoire, il est même très nuisible pour ceux qui font du bifteck.

La simplicité n'est pas un but dans l'art, mais on arrive à la simplicité malgré soi en s'approchant du sens réel des choses.

Ne cherchez pas de formules obscures ou de mystère. C'est de la joie pure que je vous donne. Regardez les sculptures jusqu'à ce que vous les voyiez. Les plus près de Dieu les ont vues.

Voir est une chose, y aller est une autre.

Il y a un but dans toutes les choses, pour y arriver, il faut se dégager de soi-même.

À quoi bon la pratique du modèle ? Elle n'aboutit qu'à sculpter des cadavres.

D'être malin, c'est quelque chose, mais d'être honnête, ça vaut la peine.

Créer comme un dieu, commander comme un roi, travailler comme un esclave.

Je ne veux pas d'« Œuvre complète », c'est un monument pour les morts ; je suis en plein travail.

Les mesures sont nuisibles, car elles sont là, dans les choses. Elles peuvent monter jusqu'au ciel et descendre par terre sans changer de mesure.

C'est le vol qui m'a occupé toute ma vie.

Ma vie est une succession de merveilles.

Cette gloire, elle s'en fout de nous, quand nous courons derrière elle, mais quand nous lui tournons le dos, c'est elle qui court derrière nous.

Je ne suis plus de ce monde, je suis loin de moi-même, plus attaché à ma personne ? Je suis chez les choses essentielles.

Ce n'est pas la forme extérieure des choses qui est réelle, mais l'essence des choses ; partant de cette vérité, il est impossible à quiconque d'exprimer quelque chose de réel en imitant la surface extérieure des choses.

Quand vous regardez un poisson, vous ne pensez pas à ses écailles, n'est-ce pas ? Vous pensez à la vitesse de son mouvement, à son corps étincelant et flottant, vu au travers de l'eau. Eh bien ! voilà ce que j'ai voulu exprimer ! Si j'avais reproduit ses nageoires, ses yeux et ses écailles, j'aurais arrêté le mouvement et j'aurais obtenu un simple échantillon de la réalité ! Moi, j'ai voulu saisir l'étincelle de son esprit.

Sans les découvertes de Rodin, tout ce que j'ai réalisé n'aurait pas été possible.

Le Baiser a représenté pour moi le chemin de Damas.

J'ai voulu [par *Le Baiser*] rappeler non seulement l'image de cet unique couple d'amoureux, mais de tous les couples anonymes de ce monde qui se sont aimés avant de se quitter... Chacune de mes sculptures a été motivée [à son origine] par un sentiment très profond.

Avec cette forme, *L'Œuf* ou *Le Commencement du monde*, je pourrais faire bouger l'Univers... Nous sommes dans une sphère, mais nous jouons tout le temps avec d'autres sphères. Nous les combinons et nous les faisons briller.

Je travaille à l'Oiseau enchanté (*Maïastra*) depuis 1909 et j'ai l'impression que je ne l'ai pas fini. Je voudrais représenter l'impondérabilité dans une forme concrète.

Les oiseaux enchantés m'ont ensorcelé et je ne m'en suis jamais libéré.

Les éléments de ma *Colonne sans fin* sont la respiration même de l'homme, son propre rythme.

Ma sculpture *Le Coq* n'est plus un coq ; et mon *Oiseau* n'est plus un oiseau : ils sont devenus symboles. J'ai toujours cherché le naturel, le beau primaire et direct éternel !... Je souhaite que mes *Oiseaux* et *Coqs* remplissent tout l'Univers et expriment la grande Libération !

Mes *Oiseaux* volent, mais *Le Coq* chante !...

MUSÉOGRAPHIE

Si l'œuvre de Brancusi est dispersée aujourd'hui à travers le monde, un ensemble important reste conservé en France, grâce au legs de l'artiste en 1957 à l'État français pour le Musée national d'Art moderne, aujourd'hui le MNAM-CCI, au Centre Pompidou. Outre les sculptures acquises par le MNAM en 1947 (*La Muse endormie* et *Le Coq* en bronze poli, *Le Phoque* en marbre gris), le legs présente un panorama à peu près complet de l'œuvre du sculpteur grâce aux nombreux tirages en plâtre, venus remplacer les originaux en marbre dès le moment où l'artiste s'en séparait : à côté des exemplaires de *La Muse endormie*, *Mlle Pogany I* et *II*, des *Oiseau dans l'espace*, du *Poisson*, du *Phoque* et des *Coq*, se trouvent deux *Baiser* en pierre ; les bronzes originaux de *Prométhée*, *Danaïde*, *Princesse X.*, *Mlle Pogany III*, *Nouveau-né II*, *Commencement du monde*, de *Léda* et du dernier *Oiseau dans l'espace* ; les marbres de *Maïastra*, du *Portrait d'Eileen Lane*, du *Torse de jeune fille* et de *L'Oiselet* ; les bois de la *Tête du premier pas*, de l'*Étude pour Mrs. Eugene Meyer Jr.*, des *Coupe*, du *Torse de jeune homme* et des *Colonne sans fin* ; les plâtres originaux des *Grand Coq I à IV*, de la *Colonne du baiser*…

À l'étranger

Si les œuvres de jeunesse sont conservées en Roumanie, un grand nombre d'originaux en bois, pierre, marbre et bronze sont répartis entre les musées des États-Unis, d'Europe et d'Australie. La principale collection provenant de la vente de celle de John Quinn aux Arensberg se trouve au musée de Philadelphie.

Roumanie

– Muzeul de Arta de Craïova : *L'Orgueil*, *Le Baiser*, *Torse*.
– Muzeul National de Arta al Romaniei de Bucarest : *La Prière*, *Portrait de Petre Stanescu*, *La Sagesse de la terre*, *Le Sommeil*, *Danaïde*.

États-Unis

– The Art Institute of Chicago : *Le Supplice*, *La Muse endormie*, *Deux Pingouins*, *L'Oiseau d'or*, *Léda*.
– Sheldan Memorial Art Gallery, University of Nebraska, Lincoln : *La Princesse X.* (marbre blanc, 1915).
– Yale University Art Gallery, New Haven : *L'Oiseau jaune* (marbre, 1919).
– The Museum of Modern Art, New York : *Maïastra*, *Mlle Pogany II*, *Colonne sans fin*, *Socrate*, *Le Coq*, *L'Oiselet*, *Le Poisson*, *La Négresse blonde II*.
– The Solomon R. Guggenheim Museum, New York : *Une Muse*, *La Petite Fille française*, *Adam et Ève*, *La Sorcière*, *Le Chien de garde*, *Le Roi des rois*, *La Tortue volante*.
– The Metropolitan Museum of Art, New York : *Oiseau dans l'espace* (marbre blanc, 1923), *Nancy Cunard*, *Le Miracle*.
– The Philadelphia Museum of Art, Philadelphie : *Prométhée*, *Trois Pingouins*, *Mlle Pogany I*, *L'Enfant prodigue*, *Banc*, *Porte*, *Nouveau-né I*, *Princesse X.*, *Le Baiser*, *Chimère*, *Sculpture pour les aveugles*, *Le Poisson*, *Torse de jeune homme*, *La Négresse blanche*, *Torse de jeune fille II*, *Oiseau dans l'espace* (marbre jaune de 1923-1924), *Oiseau dans l'espace* (bronze de 1924), *Mlle Pogany III*.
– The Hirshhorn Museum and Sculpture Garden, Smithsonian Institution, Washington DC : *La Muse endormie* (1909-10), *Torse de jeune homme*.
– The National Gallery of Art, Washington DC : *Oiseau dans l'espace* (marbre blanc de 1924), *Oiseau dans l'espace* (bronze de 1927), *Portrait de Mrs. Eugene Meyer Jr.*

Grande-Bretagne

Tate Gallery, Londres : *Maïastra*, *Le Poisson*.

Allemagne

Staatsgalerie, Stuttgart : *Torse*.

Suisse

– Kunstmuseum, Winterthur : *Danaïde*.
– Kunstmuseum, Bâle : *Torse de jeune fille*.

Suède

Moderna Museet, Stockholm : *Nouveau-né II* (marbre blanc).

Australie

Australian National Gallery, Canberra : *Oiseau dans l'espace* (marbre noir, 1931-36), *Oiseau dans l'espace* (marbre blanc, 1931-36).

La première **rétrospective** de Constantin Brancusi en France a lieu au Centre Pompidou, Musée national d'Art moderne-Centre de Création Industrielle, du 14 avril au 21 août 1995. Elle comprend 103 sculptures, 38 dessins et 55 photographies originales. Ces œuvres proviennent des collections du MNAM-CCI, dont celles de l'atelier Brancusi, et de la plupart des musées cités ci-dessus.

BIBLIOGRAPHIE

La consultation des ouvrages suivants a été précieuse pour la réalisation de ce livre:
- **Brezianu, Barbu,** *Brâncusi în România,* Bucuresti, ed. Academiei, 1974; Bic All, 1998 (adaptation française).
- **Chave, Anna,** *Constantin Brancusi, Shifting the Bases of Art,* New Haven, London, Yale, 1993.
- **Geist, Sidney,** *Brancusi – A Study of the Sculpture,* édition révisée, New York, Hacker, 1983.
- **Hulten, Pontus; Dumitresco, Natalia et Istrati, Alexandre,** *Brancusi,* Paris, Flammarion, 1986.
- Bach, Friedrich Teja, *Constantin Brancusi: Metamorphosen Plastischer Form,* Köln, Dumont Bucherverlag, 1987, 2004.
- Balas, Edith, *Brancusi and Rumanian Folk Traditions,* New York, Columbia University Press, 1987.
- Geist, Sidney, *Brancusi – The Kiss,* New York, Harper and Row, 1978.
- Giedion-Welcker, Carola, *Constantin Brancusi,* Neuchâtel, Éditions du Griffon, 1958.
- Jianou, Ionel, *Constantin Brancusi,* Paris, Arted, 1963.
- Jianou, Ionel; Eliade, Mircea; Comarnescu, Petru, *Témoignages sur Brancusi,* Paris, Arted, 1967.
- Krauss, Rosalind, *Passages, une histoire de la sculpture de Rodin à Smithson,* Paris, Macula, 1997.
- Miller, Sanda, *Constantin Brancusi, A Survey of his work,* Oxford, Clarendon Press, 1995.
- Paleolog, V. G., *Brancusi,* Bucarest, Forum, 1947.
- Pound, Ezra, « Brancusi », *The Little Review,* Autumn 1921, pp. 3-7.
- Ray, Man, *Autoportrait,* traduction d'Anne Guérin, Paris, Robert Laffont, 1964.
- Schneider, Pierre, *Un moment donné, Brancusi et la photographie,* Paris, Hazan, 2007.
- Spear, Athena T., *Brancusi's Birds,* New York, New York University Press, 1969.
- Tabart, Marielle ; Monod-Fontaine, Isabelle, *Brancusi photographe,* Paris, Éditions du Centre Pompidou, 1977.
- Varia, Radu, *Brancusi,* New York, Rizzoli, 1986 ; Paris, Gallimard, 1989.
- **Catalogue de l'exposition « Constantin Brancusi, 1876-1957 »,** Margit Rowell, Ann Temkin (dir.), Paris, Éditions du Centre Pompidou/Gallimard, 1995.
- *L'Atelier Brancusi. La Collection,* Marielle Tabart (dir.), Paris , Éditions du Centre Pompidou, 1997.
- « Les Carnets de l'Atelier Brancusi », *La Colonne sans fin, Leda, Princesse X, Le Baiser, Brancusi & Duchamp, L'Oiseau dans l'espace, Le Portrait ?,* Marielle Tabart (dir.), Paris, Éditions du Centre Pompidou, 1998-2002.
- *La Dation Brancusi. Dessins et Archives,* Marielle Tabart et Doïna Lemny (dir.), Paris, Éditions du Centre Pompidou, 2003.

TABLE DES ILLUSTRATIONS

Sauf mention contraire, toutes les œuvres et les photographies de Brancusi reproduites dans cet ouvrage proviennent du Musée national d'Art moderne (MNAM), Centre Pompidou, Paris, legs Brancusi, 1957. © ADAGP 1995 pour l'œuvre de Brancusi.

COUVERTURE

1er plat haut *La Muse endormie,* 1909-1910, marbre, 18,4 x 26,7 x 20,3 cm. Hirshhorn Museum and Sculpture Garden, Smithsonian Institution, Washington, gift of Joseph Hirshhorn.
1er plat bas *La Muse endormie,* 1910, bronze, 17,5 x 26,5 x 19 cm. MNAM, Centre Pompidou, don de la baronne Renée Frachon.
2e plat *Brancusi dans son atelier,* autoportrait, photographie de Brancusi, v. 1924-1925.
Dos *Oiseau dans l'espace,* 1941 ?, bronze poli, h. 191,5 cm. MNAM.

OUVERTURE

1 Brancusi travaillant à une *Colonne sans fin,* photographie de Brancusi, v. 1924.
2-3 Brancusi travaillant à une *Colonne sans fin,* photographies de Brancusi, v. 1924.
4-5h Brancusi modelant un coq en terre, photographie de Brancusi, v. 1922-1923.
4-5b Brancusi déplaçant des blocs de pierre destinés à une cheminée, photographie de Brancusi, v. 1932.
6 Brancusi taillant un bloc de pierre devant son atelier, photographie de Brancusi, années 1920.
7 Brancusi au travail dans l'atelier, photographie de Brancusi, début 1922.
9 *Eileen,* v. 1923, onyx blanc, 28,1 x 21,5 x 15,2 cm.

CHAPITRE 1

10 Brancusi à Paris en tenue de voyageur, 1904. MNAM, Centre Pompidou, legs Brancusi, 1957.
11 *Danaïde,* photographie de Brancusi, 1908-1909.
12 Paysannes roumaines (la mère de Brancusi est sur la droite). MNAM, Centre Pompidou, legs Brancusi, 1957.

12-13 Maison natale de Brancusi à Hobitza.
13 Grande route en Roumanie, région de l'Olténie, début du siècle.
14g *Cassette* réalisée par Brancusi à l'école des Arts et Métiers de Craïova.
14d *Laocoon*, photographie de Brancusi, v. 1900.
15 Brancusi à l'école des Beaux-Arts de Bucarest, v. 1900-1902.
16 *Vue d'atelier : L'Ecorché*, photographie de Brancusi, 1901
17h *Tête de femme*, photographie de Brancusi, v. 1900.
17b Diplôme de l'école des Beaux-Arts de Bucarest, septembre 1902. MNAM, Centre Pompidou, legs Brancusi, 1957.
18 Brancusi, bedeau de la chapelle roumaine de Paris, v. 1904. *Ibidem.*
19g Brancusi en tenue de cuisinier, v. 1904. *Ibidem.*
19d *Portrait de Daniel Poïana*, photographie de Brancusi, 1906.
20h Brancusi dans l'atelier d'Antoine Mercié à l'École des Beaux-Arts de Paris, 1906. MNAM, Centre Pompidou, legs Brancusi, 1957.
20b *L'Orgueil*, 1905, bronze, 30,5 x 22 x 22 cm. Musée des Beaux-Arts, Craïova.
21m Carte postale de Modigliani à Brancusi, v. 1910. MNAM, Centre Pompidou, legs Brancusi, 1957.
21b Le boulevard Edgar-Quinet et la rue du Montparnasse, début du siècle.
22g *Le Supplice II*, 1907, bronze, 29,9 x 23 x 19 cm. The Art Institute of Chicago. Through prior restricted gifts of a friend of the Art Institute, Kate L. Brewster, Mr. and Mrs. Carter H. Harrison, Mr. and Mrs. Seymour Oppenheimer, Joseph Winterbotham, Major Acquisitions Centennial Fund.
22d *Le Supplice*, photographie de Brancusi, 1907.
23h *La Prière*, 1907, bronze, 111,4 x 45,2 x 130 cm. Musée national d'Art roumain, Bucarest.
23b Rodin dans son atelier de Meudon, 1902.
24 Vue d'atelier avec modèle, photographie de Brancusi, fin 1907.
25h Salle d'art chinois au musée Guimet, début du siècle.
25b Gauguin, *Idole à la perle*, bois de tamanu polychrome et doré. Musée d'Orsay, Paris.
26g Portrait du Douanier Rousseau dans son atelier, v. 1909-1910. Musée Picasso, Paris.
26d *Tête de femme*, photographie de Brancusi, 1907.
27g Henri Matisse, *La Musique*, 1909-1910, huile sur toile. Musée de l'Ermitage, Saint-Pétersbourg.
27d *La Sagesse de la terre*, 1908, calcaire, 50,5 x 16,5 x 24,9 cm. Musée national d'Art roumain, Bucarest.
28g *Le Baiser*, 1907-1908, pierre, 28 x 26 x 21,5 cm. Musée des Beaux-Arts, Craïova.
28d La sculpture *Le Baiser* sur la tombe d'une jeune fille russe au cimetière du Montparnasse, 1910. MNAM, Centre Pompidou, legs Brancusi, 1957.
29h *Le Sommeil*, photographie de Brancusi, 1908.
29bg et **29bd** *Torse (Fragment de torse)*, 1909-1910, marbre blanc, 24,4 x 16 x 15 cm. Musée des Beaux-Arts, Craïova.

CHAPITRE 2

30 *Vue d'atelier, La Sorcière, Le Chef*, photographie de Brancusi, 1925.
31 *La Muse endormie*, 1910, bronze, 17,5 x 26,5 x 19 cm. MNAM, Centre Pompidou, don de la baronne Renée Frachon.
32h *La Baronne R. F.*, photographie de Brancusi, 1909.
32b La baronne Renée Frachon.
33h *Noire et Blanche*, photographie de Man Ray, 1926. MNAM, Centre Pompidou.
33b *La Muse endormie*, 1909-1910, marbre, 18,4 x 26,7 x 20,3 cm. Hirshorn Museum and Sculpture Garden, Smithsonian Institution, Washington, gift of Joseph Hirshorn.
34hg *Étude : Mlle Pogany*, v. 1912, crayon graphite sur papier, 54,6 x 41,9 cm.
Philadelphia Museum of Art, A. E. Gallatin Collection.
34hd *Étude : Mlle Pogany*, v. 1912-1913, crayon bleu sur papier beige, 63,5 x 49,1 cm.
34b *Danaïde*, 1913, bronze, 27,5 x 18 x 20,3 cm, socle intermédiaire en pierre.
35 *Vue d'atelier, Mlle Pogany II*, photographie de Brancusi, 1920.
36g *Mlle Pogany III*, 1931, marbre, 45,1 x 18,4 x 29,2 cm. Philadelphia Museum of Art, the Louise and Walter Arensberg Collection.
36m *Mlle Pogany II*, 1919, marbre veiné, h. 44,2 cm. Coll. part.
36d *Mlle Pogany III*, 1933, bronze, 44 x 19 x 27 cm.
37g *Mlle Pogany I*, 1912, marbre, h. 44,5 cm. Philadelphia Museum of Art, gift of Mrs. Rodolphe Meyer de Schauensee.
37d *Mlle Pogany III* (détail), 1933, bronze, 44 x 19 x 27 cm.
38g *Le Nouveau-né II*, v. 1920, et *Tête d'enfant endormi*, 1906, photographie de Brancusi, v. 1923.
38d *Le Premier Cri*, 1917, ciment, socle en bois de chêne. Coll. part.
39 Vue du Salon de l'Aviation de 1912 au Grand Palais.
40h Les salles de l'Armory Show à New York en 1913.
40b Le collectionneur John Quinn dans les

TABLE DES ILLUSTRATIONS 123

années 1920. MNAM, Centre Pompidou, legs Brancusi, 1957.
41h Francis Picabia, *Udnie*, 1913. MNAM, Centre Pompidou.
41bg Marcel Duchamp, *Nu descendant un escalier n° 2*, 1912. Philadelphia Museum of Art, the Louise and Walter Arensberg Collection.
41bd *The Rude Descending a Staircase*, caricature du *Nu descendant un escalier* parue dans *The Evening Sun*, 20 mars 1913.
42 *Timidité*, 1917, pierre, 36,5 x 25 x 22 cm; socle *Cariatide-Chat*, 1916-1923, bois, 103 x 29,5 x 57 cm.
43g *Chimère*, 1915-1918, bois de chêne, 153 x 21,9 x 24,1 cm. Philadelphia Museum of Art, the Louise and Walter Arensberg Collection.
43d *L'Enfant prodigue*, 1914-1915, bois de chêne, h. 44,5 cm; socle en calcaire, 31,8 x 21,9 x 21,9 cm. Philadelphia Museum of Art, the Louise and Walter Arensberg Collection.
44 Brancusi dans son atelier, photographie de Brancusi, v. 1914-1915.
45 *Porte et figure*, photographie de Brancusi, v. 1917.
46g Élément décoratif en bois de chêne situé au faîte des anciennes maisons roumaines d'Olténie.
46d Piliers funéraires du cimetière de Loman en Transylvalnie.
47 *Cariatide*, v. 1940, bois de chêne, 229 x 46,5 x 43,7 cm.
48g *Étude de profil: Le Premier Pas*, v. 1913, fusain sur papier, 74,5 x 38,2 cm.
48d *Le Premier Pas*, photographie de Brancusi, v. 1913.
49g *Torse de jeune homme*, 1917-1922, bois d'érable, 48,3 x 31,1 x 17,15 cm; socle en calcaire, 17,8 x 20 x 18,2 cm. Philadelphia Museum of Art, the Louise and Walter Arensberg Collection.
49d *Socrate*, photographie de Brancusi, 1922.
50g *Petite Fille française* [*Le Premier Pas III*], 1914-1918, bois de chêne, 123,5 x 23,8 x 21,6 cm. The Solomon R. Guggenheim Museum, New York, gift, Estate of Katherine S. Dreier.
50d *La Sorcière*, 1916-1924, bois, h. 100 cm, socle en pierre et bois. The Solomon R. Guggenheim Museum, New York, Purchased 1956 from the artist.
51g *Adam et Ève*, 1921, bois de chêne et de châtaignier, socle en calcaire, h. totale 227 cm. The Solomon R. Guggenheim Museum, New York.
51d *Le Roi des rois*, 1938, bois de chêne, 300 x 43 x 46,6 cm. *Ibidem*.
52 *Femme se regardant dans un miroir*, photographie de Brancusi, 1909.
53hg *Princesse X.*, 1915, marbre blanc, 62,2 x 23,2 x 29,8 cm. Sheldon Memorial Art Gallery, University of Nebraska, Lincoln, gift of Olga N. Sheldon in memory of Adams Bromley Sheldon and Francis Sheldon.
53hd *Princesse X.*, 1915-1916, bronze, 56,5 x 42 x 24 cm.
53b Fernand Léger, Brancusi et leurs amis à la foire du Trône, v. 1926. MNAM, Centre Pompidou, legs Brancusi, 1957.
54h *Leda*, 1926, bronze, 54 x 71,3 x 23,9 cm, plateau diamètre 93 cm; socle en marbre noir, h. 117 cm, cruciforme en granit noir 34,5 x 52 x 52 cm.
54b Marcel Duchamp, photographie de Man Ray, 1916. MNAM, Centre Pompidou.
55h *Le Phoque II*, 1943, marbre gris veiné, h. 112 cm, l. 100 cm. MNAM, Centre Pompidou, achat de 1947.
55b *Le Miracle*, 1932, marbre blanc, 24 x 36 cm. The Solomon R. Guggenheim Museum, New York.
56 Brancusi au travail dans l'atelier, photographie de Brancusi, v. 1922.
57 Portrait de Milarepa, magicien, saint et poète tibétain du XIe siècle, thanka du Tibet. Musée Guimet, Paris.

CHAPITRE 3

58 Brancusi dans l'atelier, autoportrait, photographie de Brancusi, v. 1933.
59 *Oiseau*, 1923-1947, marbre bleu-gris, h. 90,2 cm; socle en marbre et en pierre, h. totale 31,5 cm. Coll. part. Courtesy Michael Hue-Williams Fine Arts, Londres.
60hg *Oiseau* (*Maïastra*), v. 1912, crayon noir sur papier, 46,6 x 31,1 cm. Coll. part.
60hd *Le Poisson dans l'atelier*, photographie de Brancusi, après 1926.
60bd *Maïastra*, 1912, bronze, h. 55,5 cm; socle en pierre, h. totale 35 cm. Tate Gallery, Londres, grant-in-aid, 1973.
61g *L'Oiseau d'or*, 1919-1920, bronze, h. 96,5 cm; socle en bois de chêne, h. totale 121,9 cm. The Art Institute of Chicago. Partial gift of Arts Club of Chicago, restricted gift of various donors, through prior bequest of Arthur Rubloff, through prior restricted gift of William Hartmann, through prior gifts of Mr. and Mrs. Carter Harrison, Mr. and Mrs. Arnold H. Maremont through the Kate Maremont Fondation, Woodruff J. Parker, Mrs. Clive Runnells, Mr. and Mrs. Martin A. Ryerson and various donors.
61d Brancusi et Henri-Pierre Roché à Paris, années 1920. MNAM, Centre Pompidou, legs Brancusi, 1957.
62h Le maharadja Raj Rajeshwar Sawai Shri Yeshwant Rao Holkar II d'Indore, 1929.
62b *Oiseaux dans le ciel*, v. 1929-1930,

aquarelle et gouache sur papier, 32,4 x 66 cm.
63h *Oiseau dans l'espace*, photographies de Brancusi, 1930.
63bg *Oiseau dans l'espace*, 1931-1936, marbre blanc, h. 184 cm, socle calcaire et sandstone. National Gallery of Australia, Canberra, acquis en 1973 par The Spafford Establishment, Vaduz.
63bd *Oiseau dans l'espace*, 1927, bronze, h. 184,2 cm. National Gallery, Washington, gift in loving memory of her husband Taft Schreiber, by Rita Schreiber, 1927.
64h *Étude pour Le Coq (projet)*, v. 1923, mine de plomb, 34,7 x 26 cm.
64b *Le Coq*, 1935, bronze, 103,4 x 12,1 x 29,9 cm. MNAM, Centre Pompidou, achat de 1947.
65 *Vue d'atelier, Les Coqs*, photographie de Brancusi, v. 1941-1944.
66h Carte d'invitation à un salon Dada, galerie Montaigne, 1922.
66bg Marcel Duchamp, Brancusi et Tristan Tzara, années 1920. MNAM, Centre Pompidou, legs Brancusi, 1957.
66bd Marcel Duchamp, *Fontaine*, 1964, *ready-made*, urinoir en porcelaine. MNAM, Centre Pompidou.
67h Fernand Léger, *La Lecture*, 1924. MNAM, Centre Pompidou.
67b Dessin sur le thème de *Socrate*, v. 1922, mine de plomb, 33,6 x 26 cm.

68 *Fernand Léger dans l'atelier*, photographie de Brancusi, v. 1922.
69 *Man Ray dans l'atelier*, photographie de Brancusi, v. 1930.
70 *Le Groupe Dada*, photographie de Man Ray, v. 1922. MNAM, Centre Pompidou.
71h *Brancusi dans l'atelier et coin de l'atelier*, photo-montage de Brancusi, v. 1933-1934.
71b Appareil photographique attribué à Brancusi.
72h Brancusi sur un bateau en direction des États-Unis, 1926. MNAM, Centre Pompidou, legs Brancusi, 1957.
72b Salle d'exposition de la Brummer Gallery à New York, 1926. *Ibidem.*
73h Lettre manuscrite de Brancusi à Duchamp, janvier 1934. *Ibidem.*
73bg Lettre manuscrite de Duchamp à Brancusi à propos de l'exposition de 1933-1934 à la Brummer Gallery. *Ibidem.*
73bd Salle d'exposition de la Brummer Gallery à New York, 1933-1934. *Ibidem.*
74 Article extrait du *New York Mirror* du 22 octobre 1927. *Ibidem.*
75g *Portrait de Mrs. Eugene Meyer Jr.*, 1930-1933, marbre noir, h. 95, 9 cm, socles en marbre noir, h. totale 133,7 cm. National Gallery of Art, Washington, gift of Eugene and Agnes Meyer.
75d *Coupe IV*, après

1925, bois de chêne, 24 x 53 x 43,8 cm.
76g *Vue d'atelier, trois socles*, photographie de Brancusi, v. 1921-1922.
76d *Plante exotique*, 1923-1924, bois, 45 x 20,5 x 20 cm, socle en pierre.
77g *Chien de garde*, photographie de Brancusi, v. 1917.
77d *Tabouret de téléphone*, années 1920, bois de chêne, 47 x 29,5 x 22,5 cm.
78h *Brancusi dans son atelier*, photographie de Brancusi, v. 1917.
78b *Vue d'atelier*, photographie de Brancusi, v. 1922.
79 *Vue d'atelier avec Maïastra*, photographie de Brancusi, v. 1917.
80 *Symbole de Joyce*, 1929 ou 1930, encre de chine, 35 x 28,1 cm.
81h *Portrait de James Joyce*, 1929, mine de plomb, 42 x 32 cm.
81b Portrait de James Joyce, 1934.
82-83 Montage et démontage de la *Colonne sans fin* dans le jardin d'Edward Steichen à Voulangis, v. 1920-1927. MNAM, Centre Pompidou, legs Brancusi, 1957.
84 La *Colonne sans fin* dans le jardin d'Edward Steichen à Voulangis, v. 1920-1927. *Ibidem.*
85 Man Ray et Brancusi trinquant devant la *Colonne sans fin* dans le jardin de Voulangis, v. 1927. *Ibidem.*
86 Les *Colonnes sans fin* exposées à la Brummer Gallery en 1933-1934. *Ibidem.*

87h *Études d'architecture avec le motif du Baiser : projet pour une porte*, 1922-1923, encre brune et mine de plomb, 41,8 x 27,5 cm.
87b *Borne-frontière*, 1945, pierre, h. totale 184,5 x 41 x 30,5 cm.
88 Étude pour l'*Oiseau dans l'espace*, photographie de Brancusi, v. 1922.
89g *La Colonne sans fin* à Târgu-Jiu, photographie de Brancusi, 1938.
89d Brancusi sur le site de Târgu-Jiu face à une colonne desssinée, photographie de l'architecte Gorjan et dessin de Brancusi. MNAM, Centre Pompidou, legs Brancusi, 1957.
90h *La Porte du Baiser* à Târgu-Jiu.
90b *La Table du silence* à Târgu-Jiu.
91h Inauguration de l'ensemble de Târgu-Jiu : *La Porte du Baiser*, 1938. MNAM, Centre Pompidou, legs Brancusi, 1957.
91bg Inauguration de l'ensemble de Târgu-Jiu : *La Colonne sans fin*, photographie retouchée par Brancusi, 1938. *Ibidem.*
91bd Brancusi assistant à l'inauguration de l'ensemble de Târgu-Jiu, 1938. *Ibidem.*
92 Brancusi à bord du paquebot *C. Biancamano* en février 1938. *Ibidem.*
93h Testament dactylographié de Brancusi, 1956. *Ibidem.*
93b *La Tortue volante*,

INDEX 125

1941-1945, marbre veiné, 31,8 x 93 x 69 cm. The Solomon R. Guggenheim Museum, New York.
94 Reconstitution de l'atelier de Brancusi au Centre Pompidou, Paris, 1977.
95h *Vue d'atelier*, photographie de Brancusi, v. 1933-1934.
95b Vue du Centre Pompidou à Paris, architectes Renzo Piano et Richard Rosers.
96 *Vue d'atelier, La Négresse blanche I*, photographie de Brancusi, 1923.

TÉMOIGNAGES ET DOCUMENTS

97 Aphorisme manuscrit de Brancusi.
99 *Fauteuil*, bois de chêne, photographie de Brancusi, 1922.
102 Lizica Codreanu, une amie de Brancusi, dans son atelier, 1923, photographie de Brancusi.
103 Brancusi et Man Ray, années 1920.
107 Brancusi devant la *Porte sculptée*, photographie de Brancusi.
110 *Tête d'enfant*, photographie de Brancusi, v. 1925.
111 *Vue d'atelier, l'Oiseau dans l'espace*, photographie de Brancusi, 1923.
114 *Maïastra*, photographie de Brancusi, 1915-1918.
115 *L'Enfant au monde*, groupe mobile, photographie de Brancusi, 1917.
116 La *Colonne sans fin* dans le jardin de Steichen à Voulangis, photographie de Brancusi, après 1920.
118 Brancusi en compagnie de son chien Polaire dans l'atelier, photographie de Brancusi.

INDEX DES ŒUVRES DE BRANCUSI

Adam et Ève 49, 51.
Antinoüs 17.
Baiser, Le 27, 28, *28*, 30, 86, 90.
Banc 75.
Borne-frontière 28, 86.
Cariatide 46, 47, 75.
Cariatide-Chat 42, 47.
Chef, Le 31.
Chimère, La 42.
Chien de garde 76, 77.
Colonne du baiser, La 28, 72, 87.
Colonne sans fin 47, 65, 73, 77, 79, 82, *82*, 83, *83*, 86, *86*, 87, 88, 89, *89*, 90.
Commencement du monde, Le 32, 55.
Coq, Le 64, 65, 86.
Coq gaulois, Le 64.
Coupe 48, 74, 75.
Danaïde 11, 34, *34*.
Écorché 16, 17.
Enfant prodigue, L' 42, 42.
Esprit du Bouddha, L' 49, 51, 62, 77.
Étude de caractère 17.
Fauteuil 75.
Femme se regardant dans un miroir 52.
Grand Coq 64, 65, 92.
Laocoon 14, 15.
Léda 54, *54*, 55, 86.
Mademoiselle Pogany I 34, *35*, 37, 40, *40*.
Mademoiselle Pogany II 35, *35*, 37.
Mademoiselle Pogany III 35, *35*, 37.
Maïastra 59, 60, *61*, 78.
Mars Borghèse 17.
Miracle, Le 54, 55.
Muse 34.
Muse endormie, La 28, 29, *31*, 32, *33*, *61*, 77, 78.
Nouveau-né, Le 38, 39, 47, 55, 86.
Oiseau d'or, L' 61, 63, 88.
Oiseau dans l'espace, L' 59, 60, 62, *62*, 63, *63*, 67, 72, 73, 74, *75*, 77, 87.
Oiseau jaune, L' 61, 88.
Orgueil, L' 18, 20, 21.
Petite Fille française, La 42, 47, 51.
Phoque, Le 54, 60, 93.
Phoque II, Le 55.
Plante exotique 77.
Platon 47.
Poisson, Le 55, 60, *61*, 86.
Porte 75.
Porte du baiser, La 90, 90.
Portrait de Daniel Poïana 19.
Portrait de James Joyce 81.
Portrait de Madame L. R. 46.
Portrait de Mrs. Eugene Meyer Jr. 74, 75, 86.
Premier Cri, Le 39.
Premier Pas, Le 38, 42, 46, 47, *48*, 49.
Premier Pas III, Le voir *La Petite Fille française*.
« Première pierre directe » 26, *26*.
Prière, La 23, *23*, 25, 29, 29, 49.
Princesse Marie Bonaparte voir *Princesse X*.
Princesse X. 52, *52*, 54, 55.
Repos, Le 29.
Roi des rois, Le 49, *51*, 77.
Sagesse de la terre, La 26, *27*, 28.
Socrate 47, *48*, 75.
Sommeil, Le 28, 29.
Sorcière, La 31, 54, 77.
Supplice, Le 22, 22.
Supplice II, Le 22.
Symbole de Joyce 81.
Table du silence, La 90, 90.
Tabouret de téléphone 76, 77.
Tête d'enfant 38, *39*, 47.
Tête d'enfant endormi 39.
Tête de femme (« Première Pierre directe ») 26, *26*.
Tête de Laocoon 15.
Timidité 42, 47.
Torse (Fragment d'un torse) 28, *29*.
Torse de jeune homme 49, *49*.
Tortue volante 60, 92, *93*.
Vitellius 15.

INDEX GÉNÉRAL

A
Africain, art 25, 32, 42, 43, 47, 57.
America (journal) 74.
Apollinaire, Guillaume 25, 26, *26*, *41*, 42.
Armory Show de 1913 40, *40*, *41*, 54.
Arp, Jean 35, 37.
Art News (revue) 57.
Arts (revue) 74.

B
Baiser, Le (Auguste Rodin) 28.
Bâle 18.
Balzac (Auguste Rodin) 23.
Biancamano, paquebot 92.
Blanche et Noire (Man Ray) 32.
Bombay 92.
Bonnat, Léon 20.
Bourdelle 23.
Brâncuşi, Nicolae et Maria 12.
Braque, Georges 52.

126 ANNEXES

Breton, André 66.
Brooklyn, musée de 74.
Brummer Gallery, expositions de la (New York) 72, 73, 74, 76, 86, 87.
Bucarest 18, 23, 28.
Bucarest, Athénée roumain de 16, 17.
Budapest 11.
Buzau, cimetière de 20, 23.

C

Caire, Le 92.
Cassou, Jean 93.
Cendrars, Blaise 53, 88.
Cézanne, Paul 42.
Chartier, restaurant 19.
Chartres, cathédrale de 25.
Chicago 40, 92.
Cocteau, Jean 52, 95.
Condorcet, cité 18, 21.
Cosmutza, Otilia 21, 31.
Craïova 13, 18.
Cutzesco-Storck, Cécilia 25.
Cyclades, art des 42.

D

Dada, mouvement 66, 67.
Demoiselles d'Avignon, Les (Pablo Picasso) 38.
Derain, André 25, 52.
Duchamp, Marcel 38, 39, 40, 41, 49, 57, 66, 66, 72, 73, 73, 75, 87, 92.

E

École des Arts et Métiers de Craïova 13, 14, 15, 15.
École des Beaux-Arts de Bucarest 14, 15, 17.
École des Beaux-Arts de Paris 11, 18, 19, 21, 22.
Église roumaine de Paris 18, 18.
Égypte 57, 63, 92.
Eliade, Mircea 89.
Epstein, Jacob 74.

F

Finnegan Wakes (James Joyce) 81.
Fontaine, ou *Urinoir*, (Marcel Duchamp) 66, 67.
Frachon, baronne Renée 31, 32, 32, 52.

G

Gauguin, Paul 25, 25, 42.
Georges-Pompidou, Centre 95.
Georgescu, Ion 14.
Georgescu-Gorjan, Stefan 89.
Giedon-Welcker, Carola 55.
Grec, art 16, 25, 42.
Grecescu 13, 14.
Greco, Le 48.
Grecque, philosophie 47.
Gris, Juan 53.
Guerre mondiale, Première 66, 88.
Guggenheim, musée 92, 93.
Guimet, musée 25, 25, 57.

H

Hobitza 11, 13.

I

Idole à la perle (Paul Gauguin) 25.
Inde 57, 92.
Indore, maharadjah Holkar d' 62, 62, 87, 92.

J

Journal du peuple, Le 52.
Joyce, James 81.

K

Karnak 63.

L

Langres 11.
Lecture, La (Fernand Léger) 67.
Léger, Fernand 32, 38, 39, 52, 53, 66, 67, 67, 88.
Levassor, Lydie 73.
Ligue nationale des femmes roumaines de Gorj 88.
Louvre, musée du 25.

M

Maillol 21.
Manifeste cannibale (Francis Picabia) 66.
Matisse, Henri 25, 26, 27, 32, 40, 42, 52.
Mercié, atelier d'Antonin 19, 20, 21, 23.
Michel-Ange 16.
Milarepa 57, 57.
Modigliani, Amedeo 19, 21.
Montparnasse, cimetière de 28.
Montparnasse, rue du 21.
Morand, Paul 73.
Munich 18.
Musique, La (Henri Matisse) 26, 27.

N

Néolithique, art 42.
New York 40, 40, 41, 54, 61, 66, 72, 72, 87.
New York Mirror 74.
Noailles, Charles de 88.
Nu descendant l'escalier (Marcel Duchamp) 41.

O

Océanien, art 25.
Olténie 11, 13, 46.

P

Pach, Walter 40, 40, 47.
Patrasco, Militza 88.
Pestisani 11, 88.
Philadelphie 92.
Photo-Secession, Gallery of the (New York) 40.
Piano, Renzo 95.
Picabia, Francis 40, 41, 52, 66, 88.
Picasso, Pablo 25, 26, 38, 49, 52, 66.
Platon 48.
Poète tibétain Milarepa, Le (Jacques Bacot) 57, 57.
Pogany, Margit 31, 34, 34.
Poïana, Daniel 15, 18, 19.
Porte-bouteilles (Marcel Duchamp) 67.
Pound, Ezra 47.

Q

Quinn, John 40, 40, 47, 49, 51, 61, 72, 76, 83.

R

Radiguet, Raymond 67.
Ray, Man 32, 33, 66, 70, 70, 83.
Renaissance 25, 42.
Reverdy, Pierre 53.
Roché, Henri-Pierre 49, 52, 54, 61, 61, 63, 72, 76.
Rodin, Auguste 21, 22, 22, 23, 23, 25, 28, 52, 95.
Rogers, Richard 95.
Romain, art 25.
Ronsin, impasse 81, 93, 95.
Rosso, Medardo 21, 22.
Roue de bicyclette (Marcel Duchamp) 67.
Roumain, art 42, 46, 89.
Rousseau, le Douanier 26, 26, 43.

S

Salon d'Automne de 1906 20, 22, 25, 25.
Salon de la Locomotion aérienne 1912 38, 39, 39.
Salon de la Société nationale des Beaux-Arts 20.
Salon des Indépendants de 1920 52, 53.
Sculptor's Gallery (New York) 61.
Signac, Paul 52.

Stanescu, Petre,
  monument funéraire
  de 20, 23, *23*.
Steichen, Edward 70,
  72, 74, *75*, *82*, 83, *83*.
Stieglitz, Alfred 40,
  70.
Suez 92.

T
Temple de la
  Délivrance 62, 87, 92,
  92.
Tibet 57, *57*.
Târgu-Jiu 13, 88, 89, *90*,
  92.
Tisamana 12.

Transylvanie,
  piliers funéraires
  de 46, *46*.
Tzara, Tristan 66,
  66.

U
Udnie (Picabia) *41*.

W
Washington 92.
Wildenstein Galleries
  73.

Z
Zamfirescu, Ion 13, 14,
  20.

CRÉDITS PHOTOGRAPHIQUES

The Art Institute of Chicago 22g, 61g. D. R. 12-13, 14g, 32b, 40h, 41bd, 46g, 46d, 66h. Giraudon, Paris © Succession Henri Matisse, 1995 27g. Hirshorn Museum and Sculpture Garden, Smithsonian Institution, Washington 1er plat haut, 33b. Keystone 62h. Courtesy Michael Hue-Williams Fine Arts, Londres 59. MNAM, Centre Pompidou © by ADAGP 1995 41h, 66bd. MNAM, Centre Pompidou © by ADAGP et Man Ray Trust 1995 54b, 70. MNAM, Centre Pompidou, Paris 2e plat, 1, 12, 16, 19g, 19d, 22d, 24, 29h, 30, 34hd, 35, 38g, 44, 45, 48d, 49d, 52, 56, 58, 60hd, 62b, 63h, 64h, 65, 67b, 68, 69, 71h, 71b, 75d, 76g, 77d, 78h, 78b, 79, 84, 88, 94, 95h, 96, 97, 99, 107, 110, 111, 114, 115, 116. MNAM, Centre Pompidou/Ch. Bahier, Philippe Migeat © by SPADEM 1995 67h. MNAM, Centre Pompidou/Patrick Horvais 2/7, 10, 12, 14d, 15, 17h, 17b, 18, 20h, 21m, 26d, 28d, 32h, 40b, 53b, 61d, 66bg, 72h, 72b, 73h, 73b, 74, 77g, 82-83, 85, 86, 89g, 89d, 91, 92, 93h, 102, 103, 118. MNAM, Centre Pompidou/G. Meguerditchian 95b. MNAM, Centre Pompidou/Philippe Migeat 80, 81h. MNAM, Centre Pompidou/Adam Rzepka 1er plat bas, dos, 20b, 23h, 27d, 28g, 29b, 31, 34b, 36d, 37d, 42, 47, 48g, 53hd, 54h, 55h, 64b, 76d, 87h, 87b, 90h, 90b. Musée Rodin/B. Jarret by ADAGP 1995 23b. National Gallery of Art, Washington 63bd, 75g. National Gallery of Australia, Canberra 63bg. Philadelphia Museum of Art © by ADAGP 1995 41. Philadelphia Museum of Art/Eric Mitchell 43g. Philadelphia Museum of Art/Lynn Rosenthal 34hg. Philadelphia Museum of Art/Graydon Wood 36g, 37g, 43d, 49g. Réunion des Musées nationaux, Paris 25b, 26g, 57. Roger-Viollet 13. Roger-Viollet/Branger 39. Roger-Viollet/Harlingue 25h. Roger-Viollet/Lipnitzki 81b. Roger-Viollet/L. L. 21b. Sheldon Memorial Art Gallery, Lincoln 53hg. The Solomon R. Guggeheim Museum Foundation/David Heald 50g, 50d, 51g, 51d, 55b, 93b. The Tate Gallery, Londres 60bd. Courtesy Thomas Ammann Fine Art, Zurich 36m, 38d. F. Walch, Paris 60hg.

REMERCIEMENTS

L'auteur remercie Margit Rowell et Bénédicte Ajac-Lepage pour la chronologie, Catherine Puyponchet pour le secrétariat.

ÉDITION ET FABRICATION

DÉCOUVERTES GALLIMARD
COLLECTION CONÇUE PAR Pierre Marchand. DIRECTION Elisabeth de Farcy.
COORDINATION ÉDITORIALE Anne Lemaire. GRAPHISME Alain Gouessant.
COORDINATION ICONOGRAPHIQUE Isabelle de Latour.
SUIVI DE PRODUCTION Géraldine Blanc. SUIVI DE PARTENARIAT Marie Caner-Chabran.
RESPONSABLE COMMUNICATION ET PRESSE Valérie Tolstoï.
PRESSE David Ducreux.

BRANCUSI, L'INVENTEUR DE LA SCULPTURE MODERNE
ÉDITION Cécile Dutheil de la Rochère.
ICONOGRAPHIE Any-Claude Médioni.
MAQUETTE Valentina Leporé et Christophe Saconney.
LECTURE-CORRECTION Catherine Lévine.
PHOTOGRAVURE Arc-en-Ciel.

Conservateur honoraire au Musée national d'Art moderne, Centre Pompidou, Marielle Tabart a été responsable jusqu'en 2006 de l'Atelier Brancusi dont elle a assuré la dernière reconstitution dans une architecture renouvelée par Renzo Piano en 1997. Elle a publié ou dirigé de nombreux ouvrages sur Brancusi, dont les *Carnets de L'Atelier Brancusi*, et a été co-commissaire des expositions « Gonzàlez/Picasso, dialogue », Toulouse, Couvent des Jacobins, 1999 ; « Sculpture », Nîmes, Carré d'Art, 2003 ; « Braque et Laurens, un dialogue », Lyon, musée des Beaux-Arts, 2005-2006.

Doïna Lemny, attachée de conservation au Centre Pompidou, a établi les « Témoignages et Documents ».

Pour Yves

*Tous droits de traduction
et d'adaptation réservés
pour tous pays
© Gallimard/Centre Pompidou 1995
© ADAGP 1995 pour l'œuvre de Brancusi*

*1er dépôt légal : avril 1995
Dépôt légal : avril 2009
Numéro d'édition : 156456
ISBN : 978-2-07-035579-2
Imprimé en France par IME.*